Joachim Frielingsdorf

Ottenbruch und Mirke

Zur Geschichte der Rheinischen Eisenbahnstrecke des Wuppertals

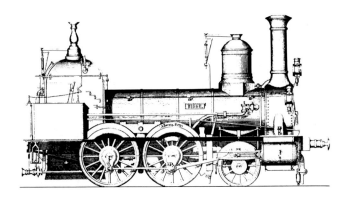

Beiträge zur Denkmal- und Stadtbildpflege

des Wuppertals
Band 8, 1990

Herausgegeben vom
Bergischen Geschichtsverein
– Abteilung Wuppertal e.V. –
Referat für Denkmal- und Stadtbildpflege

Gedruckt mit Unterstützung
des Landschaftsverbands Rheinland, der Stadt Wuppertal
und des Bergischen Geschichtsvereins
– Abteilung Wuppertal e.V. –

Joachim Frielingsdorf

OTTENBRUCH
UND
MIRKE

Zur Geschichte der Rheinischen Eisenbahnstrecke

des Wuppertals

–*BORN*–
VERLAG

Wuppertal 1990

TITELBILD

Carl Grossberg, (1894 - 1940), Brücke über die Schwarzbachstraße in Wuppertal
von 1928. Öl auf Holz (70 x 60 cm). Exponat des Wuppertaler von der Heydt-Museums.
Der eindrucksvolle Viadukt über die Schwarzbach in Oberbarmen wurde zu Beginn der
neunziger Jahre des letzten Jahrhunderts errichtet, als das kurze Verbindungsstück zwischen
der ehemaligen Bergisch-Märkischen und der ehemaligen Rheinischen Strecke gebaut
wurde. In den achtziger Jahren waren beide Eisenbahnaktiengesellschaften verstaatlicht
worden.

BUCHRÜCKEN

Der Bahnhof Ottenbruch. Eine zeichnerische Rekonstruktion von
Bettina Schmidt (Forschungsstelle für Denkmalpflege der
Bergischen Universität Wuppertal), Mai 1990

Redaktion und Buchgestaltung:
Joachim Frielingsdorf/Michael Metschies
© 1990 beim Herausgeber
Satz: Born- Verlag
Druck: Paul Hartgen, Remscheid
Buchbindearbeiten: Werner Berenbrock
Born-Verlag Wuppertal
Printed in Germany
ISBN 3-87093-042-X

INHALTSVERZEICHNIS

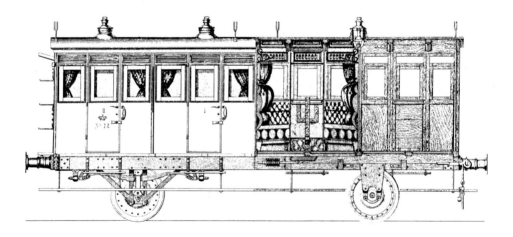

Zu den Abbildungen in Einleitung und Vorspann:

Eine solche Dampflokomotive der Firma Borsig aus den sechziger Jahren des letzten
Jahrhunderts wird wohl auch die Wuppertaler Rheinische Eisenbahnstrecke befahren und
einen nicht minder interessanten Personenwagen hinter sich hergezogen haben. Fundort der
Abbildungen: Stadtarchiv Leverkusen: Anonym: Bau-Anlagen der Ruhr-Sieg-Eisenbahn,
Elberfeld 1864, Tafel 61. Vgl. auch: Plump, Klaus: Epochen und Episoden der Leverkusener
Eisenbahngeschichte, Leverkusen 1979.

VORWORT

Die sogenannte "Rheinische Eisenbahnstrecke" von Düsseldorf nach Dortmund-Hörde ist eine der interessantesten Eisenbahnlinien des rheinisch-westfälischen Raumes. Zur Errichtung der Verkehrsbauten und der Empfangsgebäude hatte die 1837 gegründete "Rheinische Eisenbahngesellschaft" bedeutende Konstrukteure und Ingenieure in ihren Dienst gestellt: Franz von Rziha für die Tunnel und Eberhard Wulff für die Bahnhöfe. Die 73 Kilometer lange Strecke wurde am 15. September 1879 ihrer Bestimmung übergeben. Sie sollte Güter und Personen befördern und damit zur Strecke der bereits 1842 gegründeten "Bergisch-Märkischen Eisenbahngesellschaft" in Konkurrenz treten.

In der Tat verlaufen noch heute beide Eisenbahnlinien in einem Abstand von oft nur wenigen hundert Metern nahezu parallel durch das Wuppertal. Die "bergisch-märkische Eisenbahnstrecke", von Düsseldorf kommend, 1838 bis Erkrath, 1841 bis Steinbeck fortgeführt, 1847 bis Schwelm und 1848 bis Hagen verlängert, war auf Wuppertaler Gebiet südlich des Flusses an den steilen Nordhang der Bergischen Hochfläche gelegt worden. Noch heute läßt die kilometerlange Natursteinmauer, die von der Station "Zoologischer Garten" bis nach Oberbarmen führt, die ungeheure Anstrengung erahnen, die damals erforderlich war, um Millionen von Kubikmetern Erdreich und Felsgestein abzutragen. Nicht weniger mühevoll war die Anlage der "Rheinischen Strecke", für die auf Wuppertaler Gebiet fünf Tunnel durch den Felsen getrieben und vier Viadukte von teilweise erstaunlichen Dimensionen errichtet werden mußten. Als ob sich hier ein Baumeister mit der Ausführung von Modellen aus dem Anker-Steinbaukasten einen Traum aus Kindheitstagen verwirklicht hätte! Als Pionierleistungen der Verkehrstechnik des Wuppertals bestimmen die steinernen Monumente der Eisenbahngeschichte noch immer das Stadtbild von Barmen und Oberbarmen.

In einer Zeit permanenten Umbruchs auf fast allen Lebensgebieten hat der verkehrspolitische Strukturwandel auch vor der Eisenbahn nicht haltgemacht. Die "Rheinische Eisenbahnlinie" ist von der Stillegung bedroht. Der Personen- und Güterverkehr wurde bereits vor Jahren stark eingeschränkt. Die historischen Bahnhöfe scheinen dem Verfall preisgegeben und werden vielleicht nur als Gaststätten oder Wohnhäuser überleben. Die Deutsche Bundesbahn, die jahrelang einen aufsehenerregenden Prozeß um die Bahnsteigüberdachungen von Ottenbruch und Mirke geführt hat, wird sich viel zu spät des kulturgeschichtlichen Wertes ihrer Verkehrsdenkmäler bewußt. Der Bahnhof Mirke in Elberfeld befindet sich heute in desolatem Zustand. Dabei hat Joachim Frielingsdorf gerade ihm in der vorliegenden Arbeit besondere Aufmerksamkeit gewidmet.

Nach dem Vorbild des Londoner Bahnhofs der Gesellschaft South Eastern Railway sollte nämlich hier mit dem repräsentativen Empfangsgebäude ein gigantisches Bahnhofshotel verbunden werden. Das ehrgeizige Projekt fiel jedoch Sparmaßnahmen zum Opfer. Immerhin konnte Eberhard Wulff seine Entwürfe zusammen mit zahlreichen anderen Zeichnungen in seinem Werk "Das Eisenbahnempfangsgebäude nach seinen praktischen Anforderungen und seiner künstlerischen Bedeutung" (Leipzig 1881) der Öffentlichkeit vorlegen – eine Schrift, die in Vergessenheit geraten war und mit diesem Buch wiederentdeckt wird. In kritischer Auseinandersetzung mit Gottfried Semper, zu dessen bekanntesten Werken das Opernhaus und die Gemäldegalerie in Dresden zählen, befaßte sich Eberhard Wulff eingehend mit Fragen der Ästhetik und des Stils, des Verhältnisses zwischen Architektur und Gesellschaft sowie der "technischen Künste" überhaupt. Er untersuchte den Zusammenhang zwischen Zweck, Material und Form und war bemüht, seinen Empfangsgebäuden eine der Funktion angemessene Kunstform zu verleihen. Architektur galt ihm selbstverständlich als Kunst. Der Bahnhof war ein Beispiel "angewandter Kunst" oder "praktischer Ästhetik".

Joachim Frielingsdorf ist es gelungen, mit Hilfe des umfangreichen Archivmaterials aus dem Hauptstaatsarchiv Düsseldorf nicht nur die Planungsgeschichte der "Rheinischen Strecke" zu rekonstruieren, sondern durch einen Vergleich mit anderen Empfangsgebäuden Eberhard Wulffs den funktionellen und ästhetischen Stellenwert der beiden Bahnhöfe Ottenbruch und Mirke näher zu bestimmen. Damit fällt ein neues Licht auf ein lange Zeit in Vergessenheit geratenes Kapitel rheinischer Eisenbahngeschichte.

Die 1985 begründete und dem Lehrstuhl für Kunstpädagogik angegliederte "Forschungsstelle für Denkmalpflege" an der Bergischen Universität Gesamthochschule Wuppertal unter Leitung von Prof. Dr. Hermann Mahlberg, dessen Assistent Joachim Frielingsdorf ist, bemüht sich unter anderem, die Denkmalpflege als unverzichtbaren Bestandteil in die Ausbildung der Kunsterzieher zu integrieren, um bereits in der Schule ein Bewußtsein für Denkmalpflege zu wecken. Auch aus diesem Grunde hat die vorliegende Arbeit ihren Platz in der Reihe der "Beiträge zur Denkmal- und Stadtbildpflege des Wuppertals".

Wuppertal, im Mai 1990   *Michael Metschies*

EINLEITUNG

D ie *"Denkmalpflege macht selbst vor Bahnhöfen und Brücken nicht halt"* [1] über-
schrieb die Westdeutsche Zeitung am 29. März 1984 einen Artikel, mit dem sie ihren Lesern mitteilte, daß der Bahnhof Wuppertal-Ottenbruch nach einem Urteil des
Bundesverwaltungsgerichtes [2] unter Denkmalschutz gestellt worden war. In dieser
Schlagzeile spiegelt sich noch das ungläubige Staunen darüber wider, daß sich der
Denkmalschutz selbst solch scheinbar uninteressanter, profaner Nutzbauten, wie Bahnhöfen zuwendet und diese als "Kulturgut" zu erhalten trachtet. Jener Ausdruck des Un-
verständnisses, den der Journalist hier an den Tag legte, zeugt von einer Einstellung, die
in den sechziger und siebziger Jahren reichlich Nährboden fand, als die fortschrittsgläu-
bige Neuerungssucht in den deutschen Städten noch ungebrochen war. Es ist bekannt,
daß bis etwa 1975 mehr Einzelbauten und städtebaulich wertvolle Ensembles aus dem
18., 19. und beginnenden 20. Jahrhundert vernichtet wurden als in den Jahren des Zweiten Weltkriegs. Man sah nicht, daß man mit diesen Bauten geschichtliche Dokumente
zerstörte, die anschaulicher als es je ein Geschichtsbuch vermag, aus ihrer Zeit
berichteten.

Erst das Europäische Denkmalschutzjahr 1975 leitete einen Wandel des öffentlichen Bewußtseins ein. Der Denkmalschutz wurde schließlich in allen Bundesländern
gesetzlich verankert, zuletzt (1980) nach langwierigen Auseinandersetzungen auch in
Nordrhein-Westfalen. Was ist ein Denkmal? Dazu heißt es im nordrhein-westfälischen
Denkmalschutzgesetz: *"Denkmäler sind Sachen [...], an deren Erhaltung und Nutzung
ein öffentliches Interesse besteht. [...] [Dieses] besteht, wenn die Sachen bedeutend für
die Geschichte des Menschen, für Städte und Siedlungen oder für die Entwicklung der
Arbeits- und Produktionsverhältnisse sind und für die Erhaltung künstlerische, wissenschaftliche, volkskundliche oder städtebauliche Gründe vorliegen."* [3]

Zu den Denkmälern zählen also ebenso hochrangige "Kunstdenkmäler" (z.B.
Kirchen, Burgen, Schlösser oder Bürgerhäuser) wie "Nutzbauten" (z.B. Fabrikanlagen,
Hammerwerke, Schulen oder Bahnstationen, städtebauliche Ensembles oder Gartenan-
lagen). In der Vergangenheit wurden bereits zahlreiche Bauten, die heute als technische
Denkmale inventarisiert und unter Schutz gestellt würden, geopfert, ohne daß über
ihren historischen und städtebaulichen Wert nachgedacht wurde. Opfer von Moderni-
sierung und Rationalisierung sind bis heute neben Schulen und Fabrikgebäuden
insbesondere auch Bahnhofsbauten. Ihr Stellenwert unter den *"Kunstbauten"* [4], typisch
für die Architektur- und Verkehrsgeschichte der beginnenden Industriellen Revolution
und der "Gründerzeit", wird immer noch gern übersehen.

Im Rahmen der Stadterneuerung werden zur Zeit in der gesamten Bundesrepublik
erhebliche Anstrengungen unternommen, historische Ortskerne und Stadtbereiche vor

---

[1] Schmied, Peter Joachim: Denkmalpflege macht selbst vor Bahnhöfen und Brücken nicht halt, In: WZ/GA vom
29. März 1984, Lokalteil Wuppertal, S. 1.

[2] Vgl. Bundesverfassungsgericht Berlin (Hrsg.): Sammelnachschlagewerk der Rechtssprechung des Bundesverwaltungsgerichts (Buchholz): Beschluß vom 23. März 1984; Aktenzeichen 4B/43.84; 424.08 § 36 Bbg, Nr. 8,
Berlin 1984.

[3] § 2.1. des Gesetzes zum Schutz und zur Pflege der Denkmäler im Lande NRW (Denkmalschutzgesetz -DschG),
In: Gesetz und Verordnungsblatt für das Land Nordrhein-Westfalen, Nr. 22, 29. März 1980. Im folgenden verkürzt zitiert als "Denkmalschutzgesetz".

dem Verfall zu retten und mit neuem Leben zu erfüllen.

Auch die Deutsche Bundesbahn – im allgemeinen ein schwieriger Partner der Denkmalpflege – hat begonnen, ihre historischen Bauten und Anlagen nicht nur aus dem Blickwinkel der Wirtschaftlichkeit zu betrachten. Allerdings beschränkt sich die neu entwickelte Sensibilität meist nur auf denkmalwürdige Objekte an stark frequentierten Strecken. Bahnhofsverwaltungen anderer europäischer Staaten aus Ost und West leisteten auf diesem Gebiet schon vor zehn Jahren Vorbildliches.[5]

Diese Arbeit, 1986 entstanden als Examensarbeit der Bergischen Universität Wuppertal (Fachbereich Kunst), befaßt sich mit dem Bahnhof als technischem Kulturdenkmal. Hauptaufgabe ist es dabei, zu verdeutlichen, warum gerade ein Bahnhofsgebäude in die Reihe der technischen Kulturdenkmale aufgenommen werden kann. Am Beispiel des Bahnhofs Wuppertal-Ottenbruch an der sogenannten "Rheinischen Eisenbahnlinie", der 1985 endgültig unter Schutz gestellt wurde, soll im Detail die Denkmalwürdigkeit eines Bahnhofs (unter der dazugehörigen Bahnanlage) begründet werden. Dabei wird auch die Komplexität der Arbeit eines Denkmalpflegers sichtbar.

Neben der historischen Bestandsaufnahme wird zugleich die Frage, wann das Phänomen "Bahnhof" in das Blickfeld der Kunst, bzw. der Kunst- und Architekturgeschichte gerückt ist, angeschnitten. Dabei werden auch die zeitlich bedingten unterschiedlichen Wertschätzungen des Bahnhofsgebäudes deutlich.

Die Suche nach Materialien zum Bahnhof Ottenbruch wurde dankenswerterweise durch das Hauptstaatsarchiv Düsseldorf – Außenstelle Kalkum, das Rheinische Amt für Denkmalpflege in Pulheim-Brauweiler, das Stadtarchiv Schwelm, das Stadtarchiv Leverkusen, die Hochbaubahnmeisterei Wuppertal-Elberfeld und die Forschungsstelle für Denkmalpflege der Bergischen Universität/Gesamthochschule Wuppertal unterstützt. Ihr Leiter, Prof. Dr. Hermann J. Mahlberg, motivierte mich, diese Arbeit anzugehen und unterstützte mich mit Ideen und Hinweisen, – ihm schulde ich Dank. Zu danken ist aber auch dem Bergischen Geschichtsverein – Abteilung Wuppertal e.V. – dessen Vorsitzender Dr. Michael Metschies nicht nur die Veröffentlichung dieser Arbeit durch den Geschichtsverein ermöglichte, sondern auch in seiner Eigenschaft als Referent für Denkmal- und Stadtbildpflege des Vereins sowie als Schriftleiter die Redaktion der vorliegenden Arbeit übernommen hat. Seinen Tips, seiner Hilfe ist es zu verdanken, daß das Manuskript den "Geruch" der Examensarbeit verlor und nicht mehr eingeengt wird durch die strengen Richtlinien und Formalia, die heute von einer Staatsexamensarbeit verlangt werden.

Für weitere Unterstützung bei der Veröffentlichung dieses Buches möchte ich außerdem folgenden Damen, Herren, Firmen und Institutionen Dank sagen:

Otto Roche (Wuppertal), Gaby Hilpisch (Haßlinghausen), Landschaftsarchitekt Richard Bödeker (Mettmann), Detlev Richter (Naturstein Kontor Bremen, Niederlassung Duisburg), Klaus Görden (Fa. Max Birngrube/Wuppertal), Dr. Eike Möller (Fa. Bayer/Wuppertal), Dr. Detlev Jankowski (Rheinische Kalksteinwerke Wülfrath), Rolf

---

[4] Der Städteplaner Hermann Josef Stübben lobte 1880 in einem Reisebericht die Strecke der Rheinischen Eisenbahngesellschaft zwischen Elberfeld und Barmen als einen Kunstbau. Vgl. Stübben, Hermann Josef: Von Berlin nach Brüssel auf Umwegen, In: Deutsche Bauzeitung vom 8. Mai 1880, S 196 f.. Im folgenden verkürzt zitiert als "Von Berlin nach Brüssel...".

[5] Vgl. Berger, Manfred: Historische Bahnhofsbauten, Berlin (Ost) 1979. Im folgenden verkürzt zitiert als "Berger". Der Autor beschreibt zahlreiche Bahnhofsbauten, die in der DDR unter Schutz gestellt wurden.

Julius (Julius Maschinenbau Wülfrath), Jürgen Wachs (Dicke & Wachs Wuppertal), Helga Onasch (Tiefbau Onasch Wülfrath), Stefan Rauen (Kreissparkasse Düsseldorf-Mettmann) sowie Stephanie, Renate und Dr. Gerhard Peine (Wuppertal).

1. ZUM KULTURGESCHICHTLICHEN WERT TECHNISCHER DENKMALE

Inventarisierung und Schutz technischer Denkmale bilden ein jüngeres Aufgabenge-biet der klassischen Denkmalpflege. Die Bezeichnung "Denkmale" wurde schon 1930 von Claas vom Begriff "Denkmäler" abgegrenzt:

"Denkmale [sind] Dinge, deren Erhaltung wegen ihres wissenschaftlichen, künst-lerischen und geschichtlichen Wertes wünschenswert erscheint [...]. [Denkmäler dage-gen sind] ausgesprochene Erinnerungszeichen, so z.B. Standbilder von Persönlichkei-ten." [6]

Die Miteinbeziehung des technisch-industriellen Baubestandes führte zu dem modernen Begriff "technisches Denkmal". Er setzt die Anerkennung der Technik-, In-dustrie- und Sozialgeschichte als gleichwertige wissenschaftliche Disziplin neben der politischen Geschichte voraus. Noch 1976 meinte Günther Borchers, daß in *"der Ge-schichte der Denkmalpflege [...] der Inventarisierung technischer Denkmale noch eine ähnliche Bedeutung zu [komme], wie [die] [...] von Paul Clemen in Angriff genommene Bestandsaufnahme für die 'Kunstdenkmäler im Rheinland'*.[7] Inzwischen hat die Denk-malpflege durch zahlreiche Dokumentationen technikgeschichtlicher Baulichkeiten die Entwicklung der Industriellen Revolution weitaus gründlicher illustriert. Haupt-sächlich die technisch-historische Bedeutung einzelner Objekte sowie ihre Auswir-kung auf ganze Wirtschaftsgebiete galten als Auswahlkriterien. Die architektonische Gestalt des Denkmals wurde zwar berücksichtigt, war aber selten allein ausschlagge-bend. Als *"Anfangs- und Endglieder technischer Entwicklungsreihen"*[8], die der Pro-duktion wie der Kommunikation gedient haben und für einzelne Landschaften charak-teristisch sind, stuft Wolfhard Weber technische Denkmale ein.[9]

Er ist überzeugt, daß Ingenieurleistungen parallel zu ökonomischen Entscheidun-gen der Unternehmensführungen gesehen werden müßten, die ja längst in die Wirt-schaftsgeschichte aufgenommen worden seien.[10]

Am technischen Gerät kreuzen sich die Leistungen von Arbeiter, Ingenieur und Unternehmer. Technische Denkmale – Wolfhard Weber nennt sie *"eine neue Quellen-gattung"*[11] sollten die Wirtschafts-, Sozial- und Technikgeschichte veranschaulichen und ein besseres Verständnis der historischen Entwicklung des Arbeitsplatzes ermög-lichen. Historische Prozesse, im Geschichtsbuch nur in Worte gefaßt, würden konkreter und Nachbarschaftseinflüsse am Objekt deutlicher. So könnten Bezüge zu den (vergan-genen) wirtschaftlichen Möglichkeiten eines geographischen Raumes aufgezeigt und Kenntnisse über Standortbedingungen und Ausbreitung des frühindustriellen Gewer-bes vermittelt werden.

---

[6] Claas, Wilhelm: Technische Kulturdenkmale, In: VDI, Beiträge zur Geschichte der Technik 20, Berlin 1930, S. 153.

[7] Föhl, Axel (Hrsg): Technische Denkmale im Rheinland, Köln 1976. Im folgenden zitiert als "Föhl". In seinem Aufsatz zitiert Borchers Clemen, Paul: Die Kunstdenkmäler der Rheinprovinz, Düsseldorf 1894.

[8] Föhl, S. 13.

[9] Vgl. Weber, Wolfhard: Technische Denkmale – Historische Topographie. In: Föhl, S. 13 f.

[10] Vgl. a.a.O.

[11] a.a.O., S. 14.

Die Technische Denkmalpflege führt Bahnhöfe und Bahnanlagen unter dem Stichwort "Verkehrsbauten". Außerdem stellt sie Bauten der Textil-, der Montan- und der Metallindustrie sowie der chemischen Industrie und der erdarbeitenden Industrie neben Versorgungsbauten und Arbeitersiedlungen unter Schutz.

2. ZUR BEDEUTUNG DES BAHNHOFS

Eine Welt wird mobil

S eit mehr als 150 Jahren sind Bahnhöfe Drehpunkte; hier sitzen und saßen die Gelenkstellen der Eisenbahnimperien, die nicht nur die ökonomische Entwicklung dieser Erde vorantrieben und beeinflußt haben. Künstler und Literaten registrierten dies als erste. Der französische Dichter Théophile Gautier[12] schrieb Mitte des 19. Jahrhunderts voller Enthusiasmus, Bahnhöfe seien *"Paläste der modernen Industrie, in denen sich die Religion des Jahrhunderts entfalte: die Religion der Eisenbahn. Diese Kathedralen der neuen Menschheit sind Treffpunkte der Nationen, das Zentrum, in dem alles zusammenfließt, der Kern gigantischer Sterne, mit Strahlen aus Eisen, die sich bis zum Ende der Welt erstrecken."*[13] Der russische Maler Kasimir Maléwitsch bezeichnete Bahnhöfe als *"Vulkane des Lebens"*[14]. Blaise Cendrars beschrieb sie als die *"schönsten Kirchen der Welt"*[15]. Bahnhöfe gehören zu den wenigen Typen öffentlicher Gebäude, die aus der Zeit der Industriellen Revolution hervorgegangen sind und seither jede Veränderung der Gesellschaft in Ost und West widerspiegelten.

Die wichtigste soziale Veränderung, die die Erfindung der Eisenbahn bewirkte, lag wohl darin, daß sie plötzlich ganze Völker mobiler machte, und diese neue Mobilität brachte es mit sich, daß jetzt von jedermann Mythen entschleiert und Reiseberichte überprüft werden konnten. Die Faszination, die diese neue Erfindung bewirkte und die jeden Bahnhof zum Anziehungspunkt machte, ist heute noch vorstellbar.

Bahnhof und städtische Entwicklung

Die wichtige Rolle des Bahnhofs in der Entwicklung des Städtebaus kann hier nur angedeutet werden. Bahnhofsanlagen wurden im 19. Jahrhundert schnell zu Dreh- und Angelpunkten, die Güter und Menschen, Fabriken und Industrien gleichermaßen anzogen. Um diesen Knotenpunkt entfaltete sich oftmals eine Stadt neu oder verlagerte ihren Schwerpunkt. Dadurch veränderte sich häufig die städtische Geographie. Durch Haltestationen, die entlang der Schiene von den Eisenbahngesellschaften in regelmäßigem Abstand eingerichtet wurden, entstanden neue Vororte, die sich zu neuen Schwerpunkten entwickelten. Diese stadtgeschichtlichen Aspekte stellen weitere Argumente für die Denkmalpflege dar, gilt es beispielsweise, einen Bahnhof als Urzelle einer Siedlung zu erhalten. Eisenbahnknotenpunkte konnten auch über das Schicksal ganzer Städte entscheiden. Das zeigt das Beispiel von Rheda-Wiedenbrück in Westfalen. Wiedenbrück, das bereits über tausend Jahre Stadtrechte besitzt, verlor seine

---

[12] Gautier (1811 - 1872), zunächst von Victor Hugo geprägter Anhänger der Romantik, dann Wegbereiter und Vorbild der Parnassiens, verfocht in Dichtung und Kritik die Autonomie zweckfreier Schönheit in der Kunst und wurde zum Begründer des Prinzips "l'art pour l'art" vor allem durch die programmatische Vorrede seines Romans "Mademoiselle de Mauphin" von 1835.

[13] Blaise Cendrars (1887 - 1961), zitiert nach: Dethier, Jean u.a. (Hrsg.): Die Welt der Bahnhöfe, Berlin 1981, S. 9. Im folgenden verkürzt zitiert als "Dethier".

[14] a.a.O.

[15] a.a.O.

14

Bedeutung Mitte des 19. Jahrhunderts, weil seine Ratsherren sich um 1840 weigerten, eine Eisenbahnlinie der Cöln-Mindener Eisenbahngesellschaft durch das Herz der Emsstadt bauen zu lassen.[16] Statt dessen wurden die Gemeinden Rheda und Gütersloh angeschlossen, die bald wirtschaftlich wichtiger wurden als Wiedenbrück. Eine späte Korrektur dieses Fehlers, durch den Wiedenbrück auch den Status einer Kreisstadt verlor, brachte erst 1973 der Zusammenschluß der Städte Rheda und Wiedenbrück zu "Rheda-Wiedenbrück".

Hermann Josef Stübben[17], der Planer der Kölner Neustadt, nimmt bereits 1890 eine erste wissenschaftliche Wertung der Bahnlinien und Bahnhöfe im Gefüge der Stadt vor. Diese seien *"für die Entwicklung der Städte von hervorragender Bedeutung, von einer Wichtigkeit, welche mit dem Wachstum der Städte einerseits und mit der wirtschaftlichen Hebung derselben andererseits beständig zunimmt."* [18] In jeder Hinsicht sei dieser neue Verkehrsweg *"[...] für das städtische Leben und für die städtische Wohlfahrt befruchtend, fördernd, ausgleichend [...]"*[19]

Ebenso muß auch die Landflucht des letzten Jahrhunderts im Zusammenhang mit dem sich entwickelnden Eisenbahnwesen gesehen werden, das eine außerordentliche Anziehungskraft auf die ländliche Bevölkerung ausübte. Der einfache Arbeiter konnte mit Hilfe der Bahn erstmals die geographischen Grenzen der 'Bannmeile' seiner Wohn- und Arbeitsstätte überschreiten.

Die Ansprüche, die Stübben als Stadtplaner an das Eisenbahnwesen stellte, sollen im Kapitel "Der Bahnhof Ottenbruch als Denkmal" behandelt werden. Dort wird auch gefragt, inwieweit die hier behandelte Strecke der Rheinischen Eisenbahngesellschaft der Stübben'schen Forderung entsprach.

Für die Denkmalpflege bleibt je nach lokaler Gegebenheit zu fragen, ob bzw. wie durch einen Bahnhof, den es zu schützen gilt, das Stadtbild, die Entwicklung der Arbeits- und Produktverhältnisse und damit auch die Geschichte der dort ansässigen Menschen geprägt wurde.

Der Bahnhof als Architekturdenkmal

Neben den stadtgeschichtlichen müssen auch architektur- und kunsthistorische Aspekte zugunsten des Denkmalschutzes angeführt werden. So wurde der Hauptbahnhof von Worms wegen seines Charakters als Musterbeispiel einer neoromanischen Anlage erhalten. Baden-Badens Bahnhofsempfangsgebäude entging unzerstört beiden Weltkriegen. Seine Unterschutzstellung wurde damit begründet, daß das mit *"fürstlicher*

[16] Vgl. Brill, Joseph: Spezial-Geschichte der Stadt Wiedenbrück und der Umgegend, Wiedenbrück 1913, S 70-75.

[17] Hermann Josef Stübben (1845 - 1936) war unter anderem Baumeister bei der Bergisch-Märkischen Eisenbahn (1871 - 75), Stadtbaumeister in Aachen (1876 - 1881), Stadtbaumeister sowie Baurat in Köln (1881 - 1898). Vgl. Weyres, Willi und Mann, Albrecht: Handbuch zur rheinischen Baukunst des 19. Jahrhunderts, Köln 1968, S. 101 f.. Im folgenden verkürzt zitiert als "Weyres/Mann".
Vgl. auch Kier, Hiltrud: Die Kölner Neustadt. Planung, Entstehung, Nutzung. Düsseldorf 1978. Im folgenden verkürzt zitiert als "Kier".

[18] Stübben, Hermann Josef: Der Städtebau, Handbuch der Architektur, 4. Teil, 9. Halbband. Darmstadt 1890, S. 213. Im folgenden verkürzt zitiert als "Stübben".

[19] a.a.O.

Großzügigkeit erstellte Empfangsgebäude [...]" [20] ein Zeitdokument der wilhelmini-
schen Ära sei. Ausschlaggebend für die Unterschutzstellung war bei diesem Bauwerk
auf winkelförmigem Grundriß die repräsentative, *"in neorenaissance Formen"* [21] errichtete Fassade mit ihren Mittel- und Eckpavillions, die der Anlage einen schloßähnlichen Charakter verleiht. [22] Rainer Slotta beschreibt ausführlich die Ornamentik der
Fassade des weißen Werksteingebäudes, aber auch Stuck- und Holzdecken des Inneren,
sowie einige mit Malereien versehene Wände. [23] Bahnhöfe sind vielfach auch auffällige
Zeugnisse der Architektur. *"Wenn die Architektur des Bahnhofs im 19. Jahrhundert oft
die Gestalt eines neuen Stadttors annimmt, so ist er doch geistig gesehen ein offenes Tor
in die Ferne, abenteuerlich und exotisch [...].* [24]

Sei es der Hauptbahnhof von Antwerpen oder Frankfurts Hauptbahnhof, den
Hermann Eggert als Architekt des Empfangsgebäudes mit J.W. Schwedler, dem
Konstrukteur der Perronhalle in der Zeit von 1883- 1888 zu Europas größter "Bahnsta-
tion" gestaltete [25], der Gare de Lyon, Schwechtens Anhalter Bahnhof in Berlin (Bauzeit
1872 - 1880) [26], der gigantische Hauptbahnhof Bombays oder sei es die reichlich
ausgestattete Hauptfassade von Bremens Hauptbahnhof (Architekt: Hubert Stier, Bauzeit:
1886 - 1891) [27], oder einer der vielen kleinen Bahnhöfe an Deutschlands Nebenstrecken
– das 19. Jahrhundert hat sich fast immer mit einer Fülle von Emblemen, Fresken und
Allegorien ausgedrückt und verewigt.

Symbole und Embleme einer neuen Zeit

In Architektur und Ornamentik gerieten viele Bahnhöfe aber auch zum Träger politischer und ideologischer Symbolik. Fresken beispielsweise mit moralisierenden The-
men oder mit regionalen oder nationalen Besonderheiten [28] spiegeln Industriegeschich-
te oder allgemein die Geschichte der Region wider und sind somit auch von denkmal-
pflegerischer Bedeutung.Gerade Bahnhöfe, die im architektonischen Aufbau und im
Ornament in die Szenerie des jeweiligen Stadtraumes oder in die der Landschaft
sorgfältig eingepaßt worden sind, sollten heute geschützt und gepflegt werden. Diese
bis in die dreißiger Jahre dieses Jahrhunderts geübte Tugend wurde – wenn man von

---

[20] Slotta, Rainer: Technische Denkmale in der Bundesrepublik Deutschland, Selb 1975, S. 297 f.. Im folgenden
verkürzt zitiert als "Slotta".

[21] a.a.O

[22] Vgl. Slotta, S. 287 - 334 sowie vgl. Krings, Ulrich: Hochbauten der Eisenbahn, In: Weyres, Willi und Trier,
Eduard (Hrsg.): Kunst des 19. Jahrhunderts im Rheinland, Bd. 2, Düsseldorf 1980, S. 66 - 77. Im folgenden
verkürzt zitiert als "Hochbauten".

[23] Vgl. Slotta, S. 297 f.

[24] Dethier, S. 12.

[25] Vgl. Schomann, Heinz: Der Frankfurter Hauptbahnhof, Stuttgart 1983, S. 103 - 148. Schomann zeigt Fassaden-
details des Haupttraktes des Empfangsgebäudes mit zahlreichen Figuren, Fahnenstangen, Fenstern, Kuppeltür-
men, Kaminköpfen und Obelisken.
Die Fassade des Vestibüls zeigt sehr schön Krings, Ulrich: Bahnhofsarchitektur, München 1985, S. 252. Im
folgenden verkürzt zitiert als "Krings".

[26] Vgl. Krings, S. 298 sowie Kliem, Peter G./Noack, Klaus: Berlin Anhalter Bahnhof, Frankfurt/Berlin/Wien 1984.

[27] Vgl. Krings, S. 176.

[28] Im Bahnhof von Lens/Frankreich wird in einem Mosaikbild die Arbeit der Bergwerkarbeiter in verherrlichender
Weise dargestellt.

16

Abb. 1: Um 1900 warben kleinere Städte, wie zum Beispiel das niederbergische Wülfrath, auf Postkarten mit ihren Bahnhöfen. Wülfraths Bahnhöfe (Postkartensammlung des Stadtarchivs Wülfrath, um 1900.)

einigen wenigen Prestigeobjekten der Bundesbahn in den letzten Jahren absieht – insbesondere seit Ausbruch des Zweiten Weltkrieges stark vernachlässigt.[29]

Jenes System von Zeichen und Symbolen sollte die Vorhaben der Mächtigen ausdrücken oder die Werte aufzeigen, die in einer gegenwärtigen oder zukünftigen Gesellschaft Bedeutung erlangen sollten. So wurden beispielsweise nationale, militärische und politische Botschaften vermittelt oder Tugenden, die für Familie, Arbeit oder Religion als bedeutsam erachtet wurden.[30]

Der Bahnhof des 19. Jahrhunderts galt zunächst als Sinnbild einer neuen Ära des Industriezeitalters, als Symbol der Zivilisation und des technischen Fortschritts. Jede Stadt, die nun an das Verkehrsnetz angeschlossen wurde, steigerte durch ein solches Repräsentationsobjekt ihren Wert.

Kleinere Städte, wie in unserem Beispiel das niederbergische Wülfrath, waren sich der wirtschaftspolitischen Bedeutung eines Eisenbahnanschlusses durchaus bewußt und warben sogar mit ihren Bahnhöfen auf Postkarten. Die ökonomische Bedeutung eines solchen Anschlusses sei am Beispiel Wülfrath skizziert: Die Angertalbahn, die Wülfrath mit der Wupperregion auf der einen und Ratingen auf der anderen Seite ab 1903 verband, geriet bald zur "Strecke der Kalksteine".[31] Noch 1903, kurz nach

---

[29] Vgl. Dethier, S. 22 f.

[30] Vgl. Dethier, S. V, S. IV, S VI.

[31] Bundesbahndirektion Wuppertal (Hrsg.): 50 Jahre Angertalbahn (1903 - 1953). Festschrift. "Die Strecke der Kalksteine", S. 4., Wuppertal/Flandersbach 1953. Interessanterweise lautet das Motto, das über der Festschrift steht, noch: "Ohne Eisenbahn kann ein Volk nicht bestehen!"

Eröffnung der Strecke, gründete sich die Rheinische Kalksteinwerke GmbH Wülfrath mit dem Zweck, ein eigens erworbenes Kalksteingelände aufzuschließen. Die Gründung (durch August Thyssen in Verbindung mit anderen Unternehmen der Schwerindustrie, darunter Krupp) erfolgte, weil nun das Material auch kostengünstig abtransportiert werden konnte. Zahlreiche Gleisanschlüsse für verschiedene Firmen folgten – unter anderem wurde die Gußstahlfabrik Friedrich Krupp mit einem Gleisanschluß versehen. Das Beispiel Wülfrath zeigt, daß die Industrie den Eisenbahnpionieren folgte. In den Jahren 1897/98 hatte der Großindustrielle August Thyssen aus Mülheim/ Ruhr zunächst ein Gebiet in Wülfrath-Schlupkothen mit Kalkvorkommen erschlossen, das in der Nähe der ehemaligen Prinz-Wilhelm-Bahn an der Station Aprath lag. Im Jahre 1917 verschmolzen der Schlupkothener Betrieb und die Rheinischen Kalksteinwerke, die heute der wichtigste Arbeitgeber Wülfraths sind und zeitweise zu Europas größtem Kalksteinwerk gerieten.[32] Der allgemeine wirtschaftliche Aufschwung wurde von der Bevölkerung durchaus mit dem Eisenbahnanschluß in Verbindung gesetzt. In der Zeit um die Jahrhundertwende war es gar Mode, sich mit den schmuck uniformierten Bahnbeamten photographieren zu lassen. Der Bahnhof wurde bei all' seiner Typenvielfalt immer als Symbol des Fortschritts rezipiert, als Prestige- und Repräsentationsobjekt, als Tor zur Welt für jedermann. Der Bahnhof war einst der Ort, zu dem Menschen hinpilgerten, um neueste Technik zu beobachten – so wie man vor Jahren zu Flughäfen pilgerte oder wie man heute zum Cape Caneveral der NASA reist. Der monumentale Kölner Hauptbahnhof (1890 - 1894) mit seiner dreischiffigen Perronhalle und seinem schloßähnlichen Wartesaalgebäude innerhalb des riesigen "Kristallpalast von Perronhalle" war ein solches Repräsentationsobjekt,[33] das zugleich noch nahe am Dom lag. Diese von Georg Frentzen und Johann Eduard Jacobsthal entworfene Komplex war nicht nur Tor zur Welt, sondern auch Stadttor einer stolzen Stadt.

Kleinere Bahnhöfe wie zum Beispiel die Bahnhöfe Krebsöge (um 1885 erbaut) oder Beyenburg (1889)[34] waren für die Gemeinden, in denen sie standen, nicht von geringerer Bedeutung. Die zumeist malerischen, mit einfacheren Zierformen versehenen, verschieferten Fachwerkbaukörper haben oft einen verspielten Landhauscharakter. Der Bahnhof Ottenbruch ist sicherlich diesem Typ zuzuordnen.

Reisende nach Klassen

Das Grimmsche Deutsche Wörterbuch[35] lehrt, daß sich in der deutschen Sprache das Wort "Bahnhof" schon früh als Bezeichnung für "Treffpunkt" oder "Sammlungsort"

---

[32] Vgl. Firmenarchiv Rheinische Kalksteinwerke Wülfrath: Fünfzig Jahre Betriebsabteilung Schlupkothen (1898 - 1948), Wülfrath, o.J.. Bereits im Jahre 1877 beabsichtigte die REG wegen der reichen Wülfrather Kalkvorkommen eine Nebenstrecke von Ratingen nach Dornap mit Anschluß an die Prinz-Wilhelm-Bahn und an die REG-Strecke Hörde-Wupperthal-Düsseldorf zu bauen. Die Genehmigung erteilte der Staat jedoch erst 1897.

[33] Vgl. Schliewe, Karl-Peter u.a: Preussische Bauten am Rhein, Dortmund 1983, S. 87-89. Im folgenden verkürzt zitiert als "Schliewe". Vgl. auch: Krings, Ulrich: Der Kölner Hauptbahnhof, Köln 1977. 1894 stand unter der riesigen Bahnsteigüberdachung aus Glas und Eisen noch ein Baukörper, der einem kleinen Schloß ähnelte. Es war das Gebäude der Wartesäle.

[34] Vgl. Schliewe, S. 93 f.

[35] Vgl. Grimm, Jacob und Wilhelm: Deutsches Wörterbuch, Band 1, 1854.

18

Abb. 2: Vor dem Wülfrather Bahnhof (Photodokumentensammlung Stadtarchiv Wülfrath, undatiert). Im Hintergrund der m. E. ebenfalls denkmalwürdige Fachwerkbahnhof des niederbergischen Wülfrath, der 1987 von der Stadtverwaltung Wülfrath von der DB gekauft wurde, um ihn dann weiterzuverkaufen. 1988 wurde der Bahnhof abgerissen.

festigen konnte. Für verschiedene Anlagen des Eisenbahnverkehrs wurde das Wort später schnell übernommen.

Funktions- und sprachhistorisch ging dem Wort "Bahnhof" der "Posthof" voraus. Die im Postverkehr entstandene Bezeichnung "Station" übernahm die Sprache der Eisenbahner ebenfalls.[36] Mit den Bezeichnungen "Haltepunkt", "Station" oder "Bahnhof" wurden zunächst die Größenverhältnisse eines Haltepunktes an der Strecke gekennzeichnet. Ein planmäßiger "Halt" bestand meist nur aus einem Bahnsteig plus Wartehalle, eine "Station" hatte zudem ein kleineres Empfangsgebäude und ein "Bahnhof" zeichnete sich durch größere Empfangsgebäude mit Wartesälen u.a. aus.

Im Laufe der Zeit nahmen die Funktionstypen, Benennungen und Bezeichnungen im Eisenbahnverkehr zu. Krings unterscheidet an Grundrißtypen: 1. Kopf- oder Sackbahnhof, 2. Durchgangsbahnhof und 3. Inselbahnhof und Verbundbahnhof. Gleichzeitig führt er verschiedene Typen an Perronhallen und Bahnsteigüberdachungen vor.[37]

Im Zeitalter der Industriellen Revolution gerät der Bahnhof zu einem Zentrum der Aktualität, an dem sich die sozialen Klassen begegnen. In ihm dokumentiert sich folglich auch das Verhältnis der gesellschaftlichen Klassen untereinander. Insbesondere zeigt das Empfangsgebäude des frühen 19. Jahrhunderts, das "Gebäude der Reisenden", Normen, die heutigen Vorstellungen widersprechen. So zum Beispiel die Aufteilung der Wartesäle in die erste, zweite, dritte und vierte Klasse. 'Fortschrittlicher' sind die Bahnhöfe der zweiten Jahrhunderthälfte, die schon die Angehörigen verschiedener Gesellschaftsschichten in einem Wartesaal vereinigten (Ottenbruch besaß zwei Wartesäle, einen für die erste und zweite Klasse, und einen für die dritte und vierte Klasse).

---

[36] Vgl. Krings, S. 15 f.

[37] Vgl. Krings, S. 17 - 30. Ein Insel- oder Verbundbahnhof verband zumeist zwei Eisenbahnstrecken unterschiedlicher Eisenbahngesellschaften.

So wird diese Klassifizierung heute sozialgeschichtlich bedeutsam[38]. In ihr spiegelt sich eine Demokratisierung des Fahrens und Reisens.

Bahnhöfe als Orte geschichtlicher Erinnerung

Bahnhöfe genießen heute meist eine geringe Wertschätzung. Sie sind fast nur noch *"Ausdruck einer gewissen Nostalgie einer fernen, idealisierten Vergangenheit."*[39] Andererseits verkörpern sie häufig affektive Werte, die den Denkmalwert eines Bahnhofs erhöhen können. Dazu gehört auch die Erinnerung. Vom Kleinstadtbahnhof mußten die Männer dieser Stadt in die beiden Weltkriege ziehen. Aus diesem Bahnhofsgebäude schleppten sich die Opfer des Krieges, von hier aus wurden Juden in die Konzentrationslager deportiert,[40] hier endeten häufig die Flüchtlingsströme. Diese Ereignisse gehören untrennbar zur Geschichte einer Stadt. Zu den geschichtlichen gesellen sich die schwer faßbaren Gefühlswerte des Denkmals. Auch diese können ein Grund für seine Erhaltung sein.

So können architektur- und kunsthistorische, volkskundliche, stadt- und wirtschaftsgeschichtliche, städtebauliche und soziologische Argumente zur Begründung des Denkmalwertes eines Bahnhofs angeführt werden. Diese Aspekte sollen auch bei der Analyse des Bahnhofs Ottenbruch einer genauen Prüfung unterzogen werden.

---

[38] Vgl. Dethier, S. 9.

[39] a.a.O., S. 129.

[40] In Wuppertal wurden die Juden vom Bahnhof Steinbeck aus deportiert. Vgl. Heßler, Frank: 150 Jahre Eisenbahngeschichte in und um Wuppertal, Remscheid 1988, S. 88. Im folgenden verkürzt zitiert als "Heßler".

3. DER BAHNHOF IM BLICKPUNKT DER ARCHITEKTUR- UND KUNSTGESCHICHTE.

Die Verbindung verschiedener Baustile neben technologischen Neuheiten

In den großen Bahnhöfen des 19. Jahrhunderts begegneten sich häufig zwei Auffassungen des Bauens. Zum einen findet man das meist historistisch gehaltene *"Gebäude des Reisenden"*[41], dessen Konstruktion häufig ein Architekt – meist in historischen Baustilen – geschaffen hatte. Die Konstruktion der Halle, die die Bahnsteige überspannen sollte, wurde hier in der Regel Ingenieuren überlassen, die sich, fortschrittsgläubig, immer größere, gewagtere Metallkonstruktionen für die Hallen erdachten. Auf der einen Seite bot die neue Bauaufgabe 'Bahnhof' den Architekten des Historismus neue Entfaltungsmöglichkeiten, auf der anderen Seite war der Bahnhof gleichzeitig ein *"Tempel der Technologie"*.[42]

Die Konzepte der Ingenieure, so glaubte Jean Dethier, drückten jedoch lediglich das Vertrauen einer Minderheit in die Technik aus. Die Vorschläge der Architekten wertete er als das genaue Gegenteil, das aber auch die öffentliche Meinung eines Großteils der Gesellschaft widerspiegelte, nämlich die Angst *"vor einem zu gewagten Sprung in die Zukunft, der Wunsch nach einer vorsichtigen Dosierung von Tradition und Neuerung."*[43] Nie verwirklicht wurden beispielsweise Bahnhofsprojekte zeitgenössischer Architekten, die nur modern schienen, von Ideen futuristischer oder expressionistischer Architekten des 20. Jahrhunderts ist nichts übrig geblieben. Dethier weiter: *"Aus diesem Grunde nehmen fast alle Bahnhofsgebäude des 19. Jahrhunderts die Gestalt von griechischen Tempeln, römischen Thermen, romanischen Basiliken, gotischen Kathedralen, Renaissanceschlössern und barocken Klöstern an, damit die Umwälzung, die die Einrichtung der Eisenbahn in der Stadt bedeutet, nicht zu brutal wirkt. Dieser Rückgriff auf Nachahmung und historischen Fetischismus ist die Erklärung für eine gewisse Angst vor [...] so viel Fortschritt."*[44]

Wie ideenreich und vielfältig Bahnhofsarchitektur des 19. Jahrhunderts war, zeigt sich am deutlichsten im Vergleich mit Bahnhöfen, die in den zwanziger Jahren dieses Jahrhunderts oder später entstanden. Ein Modell der Industriegesellschaft anstrebend, verzichtete die Bahnhofsarchitektur dieser Zeit auf jedes Ornament, jeden Schmuck, gab sich gewollt neutral – und kalt. Diese Architektur drückte *"Maschinenkult, [...] ununterbrochene Beschäftigung mit der konstruktiven Rationalität und dem operativen Funktionalismus"*[45] aus. Auch hier spiegelt sich 'Gesellschaft' wider. Kulturelles, symbolische oder emotionale Elemente im Baustil wurden ausgetauscht gegen kalte Rationalität. Elemente, die die Sinne des Reisenden ansprechen könnten, entfielen. Der Mensch scheint hier eine Nebensächlichkeit. *"Moderne Bahnhöfe [haben] fast jedes*

---

[41] Dethier, S. 9 und vgl. Berger, S. 15.
[42] Dethier, S. 10 und vgl. Berger, S. 17.
[43] Dethier, S. 10.
[44] a.a.O.
[45] a.a.O.

äußere Zeichen ihrer Bestimmung aufgegeben, nämlich die bauliche Struktur des öffentlichen Forums."[46] Sie sind vom Handelszentrum oder Bürohaus kaum noch zu unterscheiden. In Anbetracht des langweiligen, unsinnigen Funktionalismus moderner Bahnhofsarchitektur sollten gerade die Bahnhofsbauten des 19. Jahrhunderts mit ihrer großzügigen, ausdrucksvollen Architektur und phantasievollen Verzierungen verstärkt in das Blickfeld der Kunsthistoriker und der Denkmalpfleger treten.

Dali, Monet oder Magritte, um nur drei Beispiele zu nennen, zwangen die Kunstgeschichte auf etwas andere Weise als aus architektonischer Sicht, sich mit Bahnhöfen zu beschäftigen. Wie viele andere bekannte Künstler, aber auch viele anonyme Volkskünstler, widmeten sich diese drei dem Phänomen 'Bahnhof', das sie in den Bereich des Legendären rückten.[47] Besonders viele Volkskünstler registrierten die Ornamentik der Bahnhöfe, die schließlich ein Jahrhundert lang als soziale und kulturelle Notwendigkeit betrachtet wurde. Wenn auch heutzutage der pathetische Charakter vieler Ornamente zuweilen lächeln macht, die architektonische Strenge jüngerer Bauten stößt dagegen ab. Monet beispielsweise sah in dem Anziehungspunkt Bahnhof zu seiner Zeit kein Symbol des Fortschritts, sondern erkannte ihn als Möglichkeit, mit den Mitteln eines Malers Dynamik auszudrücken, um so die sogenannte realistische Tradition zu verlassen.[48]

Jene Konfrontation von Architekten und Ingenieuren in einem Bau sorgte dafür, daß die Bauaufgabe Bahnhof oftmals durch scheinbare Widersprüche so lebendig gelöst wurde. Die Architekturgeschichte registrierte, daß es lange dauerte, bis sich der Bahnhof eine eigene Identität geschaffen hatte.[49] Galt es doch, in einem einzigen Gebäude verschiedene Funktionen zu verbinden und Probleme zu lösen, die sich durch die Zirkulation von Gütern und Personen ergaben. Diese Identität veränderte sich vom Stadium einer Abfahrtshalle zu erweiterten architektonischen Silhouetten. Die Vorhalle, als das zentrale Element des Gebäudes, wird in der Regel in der Fassade durch Säulen oder eine Serie von Arkaden als solches zu erkennen gegeben.

Begründet durch die 'Werbeansprüche' zahlreicher rivalisierender Eisenbahngesellschaften, wurden verschiedene Baustile gefordert, um jeweils ein persönliches, ori-

---

[46] a.a.O.

[47] Vgl. Schmied, Wieland: Zweihundert Jahre phantastische Malerei, Band 1 (Taschenbuchausgabe), Berlin 1980, S. 23 - 26.
Vgl. auch Dethier, S. 121.

[48] Sieben Bilder sandte Monet 1877 zur 3. Ausstellung der Impressionisten ein, die er am Bahnhof St. Lazare oder in seiner Nähe gemalt hatte. Was den Impressionisten die Bahnhofsbilder Monets bedeuteten, hielt die kurzlebige Zeitschrift "L' impressioniste" fest. Georges Rivière schrieb hier, für ihn enthalte die Bahnhofsserie Monets alles: die Rufe der Bahnarbeiter, das Schrillen der Dampfpfeifen, das Getöse von Ankommenden und Abreisenden und das dramatische Verschmelzen von Sonne, Ruß, Rauch und Dampf. Bei Seitz heißt es zur Serie Gare St. Lazare: *"Es muß dieser sich unablässig verändernde Effekt gewesen sein, der Monet am meisten anzog [...]."* Vgl. Seitz, William C.: Claude Monet, Köln 1960, S. 106. Auch Susanne Henle verweist in Bezug auf Monets Serie "Gare St. Lazare" auf sich verändernde Funktionen der hier dargestellten Gegenstände.
Vgl. Henle, Susanne: Claude Monet. Zur Entwicklung und geschichtlichen Bedeutung seiner Bildform, Diss., Bochum 1978, S. 18 - 22.
Jean Renoir berichtet über die Entstehungsgeschichte der Monet'schen Bahnhofsbilder, über die kaltschnäuzige Frechheit, mit der der Maler die Züge anhalten ließ, um sie zu malen. Vgl. Renoir, Jean: Mein Vater, Paris 1962.

[49] Vgl. Herrmann, Wolfgang: Deutsche Baukunst des 19. und 20. Jahrhunderts, Basel/Stuttgart 1977, 2. Teil, S. 30 - 40. Im folgenden zitiert als "Herrmann, 2. Teil". Dieses ursprünglich 1933 entstandene Buch wurde von den Nationalsozialisten unterdrückt.

ginelles Markenzeichen der jeweiligen Bahn zu schaffen. Auch deshalb ließen sich Architekten der Bahnhofsarchitektur von Bauwerken der Renaissance oder des gotischen und romanischen Mittelalters anregen. In der *"Blütezeit der Fassaden"*,[50] um 1850, wurde jede technische Realität (und somit die Existenz der Hallen und Bahnsteige) ignoriert. Die Reaktion der Rationalisten beschrieb Dethier wie folgt: *"Ihr markierendster Vorschlag [ist] ein Bahnhof, dessen Fassade die Struktur der Halle reflektiert [...]."*[51] Diese Reaktion wurde jedoch vom Eklektizismus, der sich zwischen 1880 und 1890 festigte, verdrängt.[52] In der Bahnhofsarchitektur fanden sich bald 'ausgewählte' Baustile der Vergangenheit wieder, häufig mehrere in einem Gebäude. Der zusammengesetzte Stil, der mehr sein wollte als nur Nachahmung historischer Stile, hatte seine Ursache vielleicht im Zusammentreffen von häufiger auftretenden nationalen Ideen und der Tradition der Architektur.[53] Die Fassaden wurden immer monumentaler. Sie boten viel Platz zur Dekoration und zur Deklaration. Merkwürdigerweise versteckte die Industrie revolutionäre technische Neuheiten hinter majestätischen Fassaden. Der Überfluß am Bahnhof sollte den Reichtum der Stadt widerspiegeln. Die Gegensätze zwischen Funktion des Gebäudes und architektonischer Wiedergabe verminderten sich erst im 20. Jahrhundert. Der Einfluß des Jugendstils zeigte sich in der Bahnhofsarchitektur nur in wenigen dekorativen Spuren. Die Bahnhofspläne expressionistischer oder futuristischer Architekten wurden nie verwirklicht. In den Jahren zwischen 1920 und 1930 verschwand das Triumphale und Monumentale aus Europas Bahnhöfen – die Räumlichkeit eines Bahnhofs wurde nun nur noch genutzt, der Bahnhof mußte nur noch funktionieren.

Die *"Revolution des Betons"*[54] und der Funktionalismus bewirkten eine Gesichtslosigkeit der Bahnhöfe.

Architekten und Ingenieure und die Bauaufgabe 'Bahnhof'

"Die Bahnhöfe [werden] von Ingenieuren der Eisenbahngesellschaften konzipiert, die Architekten werden nur für die Dekoration herangezogen", schrieb Georges Tubeuf [55] bissig. Dieses Verhältnis des Architekten zum Ingenieur verdient es, näher betrachtet zu werden.

Bezeichnenderweise würdigte der Leiter der Hochbauabteilung der Rheinischen Eisenbahngesellschaft, Eberhard Wulff, der Baumeister der Bahnhöfe an der hier behandelten Rheinischen Strecke Düsseldorf – Hörde, in seinem 1881 erschienenen Buch über das "Eisenbahn-Empfangsgebäude"[56] die Architekten, mit denen er zusammenar-

---

[50] Dethier, S. 33.

[51] a.a.O.

[52] Vgl. Herrmann, 2. Teil, S. 47 - 61.

[53] Vgl. a.a.O., S. 33.

[54] a.a.O.

[55] zitiert nach Dethier, S. 33.

[56] Vgl. Wulff, Eberhard: Das Eisenbahn-Empfangsgebäude nach seinen praktischen Anforderungen und seiner künstlerischen Bedeutung, Leipzig 1881. Fundort: Eisenbahnmuseum und Stadtbibliothek Dortmund. Im folgenden verkürzt zitiert als "Wulff".
Wulff gehörte noch zu den Baumeistern, die Architektur und Ingenieurwesen in einem Studiengang studieren konnten. Obwohl er auch architektonisch Beachtliches geleistet hatte, sah er sich wohl lieber als Ingenieur.

beitete, kaum. Wulff, der hier auf jede kleinste Schwierigkeit mit Aktionären oder Stadtbauräten eingeht und keine Anekdote ausläßt, gibt erst im Bildteil des in seinem ironisch-memoirenhaften Stil gehaltenen Buches die Namen der Mitarbeiter und Architekten an, die seine Empfangsgebäude erdachten und planten.

Der neue Mann, der Ingenieur mit neuer Ästhetik, verfocht machtvoll sein Vertrauen in die technologische Zukunft, indem Bahnhofshallen konstruiert wurden, die das Konservative provozierten. Erst als die Architekten zugunsten eines funktionalen Rationalismus auf historische und eklektizistische Bauformen verzichteten, schien das Gegengewicht des Ingenieurs weniger notwendig zu sein. Zuvor aber geriet der Bahnhof zum Tempel der Technik, in dem die weitgehendsten Verwendungsmöglichkeiten von Holz, Eisen, Glas, Gußeisen und Stahl weiterentwickelt wurden. Der Bahnhof, behauptete Dethier, erscheine im 19. Jahrhundert wie die Bühne einer epischen Konfrontation zwischen Altem und Modernem.[57]

Wolfgang Herrmann ging davon aus, daß es *"unwahrscheinlich, wenn nicht gar unsinnig [ist], zu glauben, daß die Baumeister der zweiten Jahrhunderthälfte [des 19. Jahrhunderts] ausschließlich bestrebt waren, möglichst getreue Kopien vergangener Baustile zu schaffen. [...] Gewiß spielten die historischen Stile für diese Künstler eine große Rolle, an die sie sich bewußt anlehnten, und diese Anlehnung wirkte sicherlich oft hemmend auf die Entwicklung ein; [...] [aber sie] haben alle – von Semper bis Wallot – versucht, den neuen, der eigenen Zeit gemäßen Stil zu finden."*[58]

Ursachen des Historismus sah der Architekturhistoriker Herrmann verschiedene und billigte dabei den 'nicht reinen' Kopien von Werken vergangener Epochen *"gewisse ästhetische Werte"*[59] zu:

1. Die Symbolarchitektur war eine Bühne, den *"Staatsgedanken"*[60] in Erscheinung treten zu lassen.
2. Die Baumeister dieser Zeit hofften deshalb, aus den Formen vergangener Jahrhunderte zu einer eigenen neuen Baukunst zu gelangen, weil eine *"tödliche Angst vor dem Chaos diese Zeit nach dem schwachen Halt einer überlebten Formenwelt* [drängte].[61]

Herrmann diagnostizierte ein scheinbares Selbstbewußtsein des 19. Jahrhunderts, begründet durch die stürmische Entwicklung von Staat, Wirtschaft und Technik. Daß diese Evolution auf vielen Gebieten auch Verwirrung, Unsicherheit und eben Angst vor dem Chaos mit sich brachte, glaubte Herrmann in den baukünstlerischen Schriften Sempers und Böttichers bestätigt zu finden.

Einer den Architekten nahestehenden Berufsgruppe, den Ingenieuren, blieb, um Herrmanns Worte zu benutzen, *"die Angst vor dem Chaos"*[62] fremd. Die Ingenieure arbeiteten unbekümmert an der konstruktiven Verbesserung und Bewältigung des Eisenbaus, ohne sich um eine Synthese von Zweck- und Kunstform zu kümmern. Da die sparsamste und zweckdienlichste Konstruktion das Ziel sein mußte, stellte Herrmann

---

[57] Vgl. Dethier, S. 25 und vgl. Krings, S. 59 -62.
[58] Herrmann, 2. Teil, S. 9.
[59] a.a.O., S. 29.
[60] a.a.O.
[61] a.a.O.
[62] a.a.O., S. 30.

24

fest: *"Ein bewußter Wille nach künstlerischer Formung bestand nicht."*[63]

Dennoch wird in der Architekturgeschichte die Behandlung der sogenannten Ingenieurbauten gerechtfertigt. Sie werden als notwendige Vorläufer des zweckerfüllten Bauens beschrieben.

An Bahnhofsbauten wird nicht nur der Gegensatz Architekt – Ingenieur sehr deutlich, der Bahnhofsbau ist ein besonders lehrreiches Beispiel für die Schwierigkeiten, mit denen die Baukunst des 19. Jahrhunderts zu kämpfen hatte. Architekt wie Ingenieur hatten zuvor beide die Materialien Stein und Holz zum Bau verwenden lassen, nun nutzten die Ingenieure als erste den neuen, künstlichen Baustoff 'Eisen'. Ihnen war es jetzt möglich, die statischen Kräfte wissenschaftlich genau zu berechnen.

In vorhergegangenen Jahrhunderten sah ein Architekt es als Aufgabe an, den zu seiner Zeit *"wirksamen geistigen Kräfte[n] und Anschauungen in seinen Werken symbolhaften Ausdruck zu verleihen."*[64] Matthaei[65] führte 1914 das Fehlen neuer weltanschaulicher Ideen als Begründung dafür an, daß die Architekten des 19. Jahrhunderts in einer schöpferischen Sackgasse landeten. Da die Architekten aber ihre Überordnung über die Technik mit allen Mitteln zu erhalten suchten, blieben Konflikte nicht aus.[66]

Auch wenn die Architekten die Werke der Ingenieure mit Interesse verfolgten, blieb ihnen bis in die siebziger Jahre gar nichts anderes übrig, als in Stein und Holz zu bauen, da das Bessemerverfahren, das die Massenherstellung von Stahl erst ermöglichte, erst 1856 zum Patent angemeldet wurde. Noch 1880 befand man einen Eisendachstuhl der Frankfurter Oper als zu kostspielig.

Die technische Konstruktion einer Bahnhofshalle scheint eigentlich nichts mit Architektur zu tun zu haben. Trotzdem gehört sie in die Geschichte der Baukunst: *"Denn weil das Eisen eines der formbildenden Materiale der neuen Baukunst ist, lernt man aus den Bauten der Ingenieure, die dieses Material konsequent verwandten, auch die konstruktiven Möglichkeiten einer neuen Architektur zum ersten Male kennen."*[67] Die wesentlichsten Unterschiede zwischen Architekt und Ingenieur lagen darin begründet, daß der Techniker selten künstlerische Absichten verfolgte und die soziologischen und weltanschaulichen Umwälzungen seine Arbeit kaum beeinflußten. Eine Architektur ohne geistige Grundlage, urteilte Herrmann, mußte, aus künstlerischer Sicht gesehen, fehlschlagen.[68]

Das endgültige Ziel der Ingenieure, die praktische Zweckerfüllung, durfte für die Architektur nur eine notwendige Entwicklungsstufe sein, befand Herrmann 1933.[69] Ingenieurbauten hatten somit für die Entwicklung der Architektur lediglich einen "pädagogischen Sinn". Den Architekten der zweiten Hälfte des 19. Jahrhunderts sei, laut Herrmann, vorzuwerfen, *"daß sie sich nicht dazu verstehen konnten, auf ihre formalkünstlerische Aufgabe oder wenigstens auf eine falsche Ausdeutung dieser Aufgabe, wenn auch nur vorübergehend, zu verzichten."*[70]

---

[63] a.a.O.

[64] a.a.O., S. 30.

[65] Vgl. Matthaei, A.: Deutsche Baukunst im 19. Jahrhundert, Berlin 1914.

[66] Eberhard Wulff spottet über die Ausbildung zum Architekten.

[67] Herrmann, 2. Teil, S. 34.

[68] Vgl. Herrmann, 2. Teil, S. 34 f und vgl. Krings, S. 59 - 62.

[69] Vgl. Herrmann, 2. Teil, S. 35.

[70] a.a.O.

Zurück zu den Bahnhofshallen. Durch Glas und Eisen wird ihnen eine bisher nicht gekannte Raumhelligkeit verliehen. Die Hallen der frühen Berliner Bahnhofsneubauten weisen noch Träger und Bedachung auf, die nach den strengen statischen Prinzipien der Steinarchitektur scharf voneinander getrennt sind.[71] Das einheitliche Trägersystem 'Wand' und 'Decke' beim Frankfurter Bahnhof (1885 - 1887) zeigt der Baukunst, welche Weiten zu überspannen möglich ist. Die fehlenden tragenden Wände sind die einschneidendste Veränderung. Die Hallen bestehen aus in sich selbst ruhenden Rippensystemen von Eisenträgern.[72]

Die Möglichkeit einer formkünstlerischen Beeinflussung der Architektur durch die Eisenkonstruktion war am ehesten im Bahnhofsbau gegeben. Das steinerne Empfangsgebäude und die eiserne Bahnhofshalle grenzten in zahlreichen Fällen unmittelbar aneinander. Der Bahnhofsbau stellte für das 19. Jahrhundert einen Bautypus dar, der keinerlei Vorbilder hatte. Somit wurden seine verschiedenen Funktionen erst allmählich von den Baumeistern realisiert. Ein unausgeführter Entwurf für den alten Anhalter-Bahnhof in Berlin von 1838 ist von dem eines Palais kaum zu unterscheiden.[73]

Bürklein bedenkt in seinem Plan des Hauptbahnhofs in München (1847 -1849 entstanden) schon eher einige Funktionen des Bahnhofs: große Zugänge, Trennung von Dienst- und Publikumsräumen. Ab 1860 beginnt man mit der besonders repräsentativen Gestaltung der Bahnhofsneubauten. In der Formenvielfalt englischer Schloßgotik (Wiener Nordbahnhof) werden die neuen Techniken fast vollständig verschleiert. Erst seit Hans Schwechten 1875 mit dem Berliner Anhalter-Bahnhof auch die neue Eisenkonstruktion formkünstlerisch in den Gesamtbau miteinbezieht, nutzt man nun auch die Form der Eisenhalle als Kompositionselement.

Wolfgang Herrmann kritisierte 1933 die in den achtziger Jahren fortgeführte Monumentalisierung des Bahnhofsbaus.[74] *"Da ein Bahnhof ein dem Durchgangsverkehr dienendes Gebäude ist, kann er unmöglich die Formen antiker Thermenanlagen annehmen"*.[75] Bei aller Kritik an der architektonischen Leistung dieser Zeit, bei aller Kritik an der Entwicklung der Bahnhofsarchitektur, resümierte Herrmann: *"Die entwicklungsgeschichtliche Bedeutung der großen Bahnhofsbauten bleibt jedoch bestehen: hier mußten sich die Architekten zum erstenmal mit den neuen Konstruktionsmöglichkeiten auseinandersetzen."*[76]

Diese Auseinandersetzung bietet der Denkmalpflege heute weitere Argumente. 1976 forderte Wolfhard Weber, den Begriff 'Technische Denkmale' mit dem Präfix 'Kultur' zu versehen, um so dem Berufsstand der Ingenieure durch die historische Dimension und die Monumentalität des Kulturbegriffs als Traditionsbeleg zur sozialen Anerkennung zu verhelfen.[77]

---

[71] Vgl. Krings, S. 97 - 182.
[72] Vgl. a.a.O., S. 235.
[73] Vgl. Herrmann, 2. Teil, Bildtafel, S. 9.
[74] Vgl. a.a.O., S. 39 f.
[75] a.a.O., S. 40.
[76] a.a.O.
[77] Vgl. Föhl, S. 13.

Der Bahnhof als malerische Villa

1893 stellte Ferdinand Luthmer eine gewisse Ähnlichkeit zwischen toskanischen Landhäusern in ihrer schlicht-malerischen Bauweise und einer, wie er schrieb, *"ganz neuen Gattung von Bauwerken, [...] [den] Stationsgebäuden der Eisenbahn"*[78] fest. Oftmals seien Motive des italienischen Landhausbaus von Bahnhofsarchitekten übernommen worden. Das Malerische, Harmonische dieser Bauten der Toskana liege darin, daß die Architekten sie an die Landschaft anpaßten, in die sie hineingesetzt wurden.[79]

Neben den bereits erwähnten "Bahnhofstempeln- und basiliken", kurz Repräsentationsbauten, überfrachtet mit Relikten vergangener historischer Stile, brachte die Bahnhofsarchitektur, die mit Post- oder Zollstationen schließlich nur bedingt auf Vorbilder zurückgreifen konnte, noch verschiedene andere, etwas schlichtere Bahnhofstypen hervor.

Nachdem die Schienennetzpläne des Aacheners David Hansemann, des Westfalen Friedrich Harkort oder des Kölners Ludolf Camphausen in Verbindung mit einer Vielzahl privatwirtschaftlich organisierter Gesellschaften Formen annahmen, mußten ja auch Bautypen erfunden werden, die die Bedürfnisse kleinerer Stationen befriedigten. Auch hier findet sich Typenvielfalt und Gestaltungsreichtum.

Das kleine Stationsgebäude an der mäßig befahrenen Nebenstrecke konnte durch seine landschaftlich reizvolle Lage zum Ausflugsbahnhof zum gesellschaftlichen Mittelpunkt werden. Um 1900 kommt auch der sogenannte 'Heimatstil' an Bahnbauten vollends zum Tragen – man versuchte, Bahnbauten der charakteristischen Bauweise und Eigenart der Landschaft anzupassen. Ein Prinzip, dem Eberhard Wulff, der Baumeister unserer Bahnhöfe, schon vierzig Jahre vorher nachging. Auch Wulff gehörte, wie das Kapitel über Leben und Werk des Baumeisters zeigen wird, zu den Vertretern des "Malerischen Bauens" – einer Stilrichtung, die sich etwa ab 1860 entwickelte.

Zu Anfang des 19. Jahrhunderts waren auch die sogenannten kleinen Stationen mit Baustilen der Vergangenheit – wenn auch weniger üppig – versehen. Beispiele sind der kleine klassizistische Putzquaderbau des Ausflugsbahnhofs 'Belvedere' in Müngersdorf (Köln) von 1839, oder der Bahnhof Rolandseck von 1856, ebenfalls in klassizistischer Formensprache konzipiert, dem Baedeker noch 1895 wegen seines Panoramas zwei Sterne verlieh.[80] Der Typ der Villa, eine Schöpfung der italienischen Renaissance, in Englands Tradition des palladianischen Gedanken- und Formenguts weiterentwickelt, wurde zu Anfang des 19. Jahrhunderts auch in Deutschland, besonders im Gebiet um Berlin und Potsdam heimisch. Sie ist eindeutig Vorbild vieler, zumeist ländlicher Bahnhöfe, die architektonisch durchgebildet sein sollten. Luthmer berichtet von der Vorliebe des Preußenkönigs Friedrich Wilhelm IV. für diese malerisch verwinkelten, in hellen Tönen gehaltenen Bauten, die dadurch schließlich auch im Potsdamer Gebiet so viele Nachahmer fanden.[81]

---

[78] Luthmer, Ferdinand: Malerische Architektur, in: Vom Fels zum Meer. Spemann's Illustrierte Zeitschrift für das Deutsche Haus, 2. Bd., Stuttgart April-September 1893, S. 289. Im folgenden zitiert als "Luthmer". Standort: Archiv d. Forschungsstelle für Denkmalpflege, Berg. Univ. Wuppertal.

[79] Vgl. a.a.O., S. 285 - 293.

[80] Vgl. Hochbauten, S. 63 - 67.

[81] Vgl. Luthmer, S. 285 - 292. Vgl. auch: Brönner, Wolfgang/Esser, Gerhard /Hetzelt, Renetta/Metschies, Michael: Die Villa Amalia in Wuppertal-Elberfeld. Geschichte-Umbau-Restaurierung 1883/1979, Wuppertal 1981, S. 13 - 16. Im folgenden verkürzt zitiert als "Villa Amalia".

Abb. 3: Der bergisch-märkische Bahnhof Döppersberg. Aus: Langewiesche, Aufnahme um 1860.

Für den Baumeister eines Bahnhofs war der Typ 'Villa' sehr geeignet. Passend zu den verschiedenen Funktionstypen im Bahnhofsbau konnte er das Gebäude symmetrisch oder asymmetrisch planen – es gab beide Traditionsstränge. Krings behauptet: *"Die Adaption eines vorgeprägten Bautyps für einen neuartigen Zweck hat eine Parallele in der generellen Übernahme feudaler Formen und Strukturen durch das wirtschaftlich erstarkende Bürgertum, das sich politisch und gesellschaftlich im 19. Jahrhundert unvollkommen zu emanzipieren vermochte."*[82]

Einer dieser Gründerzeitbahnhöfe ist der Bahnhof Kierberg in Brühl, ein Ziegelrohbau in der Formensprache der italienischen Renaissance mit Loggien sowie Terrasse, Pergolen und Turm mit Belvedere.

Der Bahnhof Eschweiler der Rheinischen Eisenbahngesellschaft (REG), ein Putzquaderbau im Stil des Spät-Klassizismus, ist ein weiteres Beispiel. Eine Nummer kleiner, das etwas niedrigere Genre des ländlichen Hauses: meist holzverschalte Fachwerkbauten, zweigeschossig, mit flankierenden Giebelrisaliten. Dieser Typ der 'vereinfachteren, schlichteren' Villa vermeidet meist jede Anspielung auf feudale Vorbilder – Ottenbruch, Mirke oder Meerbusch bieten weitere Beispiele. Die hier behandelten Wuppertaler Rheinischen Bahnhöfe gehören eindeutig zum Typ "Villa rustica" oder auch "rustikales Landhaus". Im städtischen Bahnhofsbau wurde der Typ Villa meist vom Typ 'Palazzo' oder 'Schloß' (fünfteilige Gliederung in Mittel- oder Seitenrisalite, verbindende Zwischentrakte, stilistisch alle Varianten des romantischen Klassizismus durchlaufend) abgelöst. Ein Beispiel hierfür ist der kubisch gruppierte REG-Bahnhof in Aachen von 1840.

Auch Schinkelsche Gestaltungsmuster nach englischem Vorbild des 'castellated style' sind im Bahnhofsbau zu finden. Der Bahnhof Templerbend in Aachen repräsen-

---

[82] Hochbauten, S. 68.

28

tierte den Typ des malerisch konzipierten, leicht asymmetrischen Burgschlosses mit Zinnen und Ecktürmchen.

Der letzte Bautyp eines Bahnhofs, den ich an dieser Stelle nennen möchte, entwickelte sich aus seiner Lage: ein Inselgebäude, das zwei Strecken verschiedener Bahngesellschaften verband. Der ehemalige Bahnhof Gladbach (dreigeschossig, würfelförmige Hauptgebäude, flaches Satteldach, Dreiecksgiebel, kirchenähnlicher Grundriß) ist ein typischer Inselbahnhof.[83]

Stadtpaläste mit Repräsentationspflicht (wie zum Beispiel der Bahnhof Elberfeld-Döppersberg), symbolisierten nicht nur das Tor zur Stadt, sondern auch den Triumph der Technik.

Insgesamt gesehen scheinen Bahnhofsbauten früherer Zeiten heute wie ein Lehrbuch der Stilentwicklung, deren Vielfalt sich vom Klassizismus über den Historismus bis zur Moderne ablesen läßt.

---

[83] Der Bahnhof Gladbach wurde 1862 fertiggestellt. Um 1860 wurde die Stadt Gladbach in München-Gladbach (abgekürzt: M. Gladbach) umbenannt. Seit 1950 heißt diese Stadt Mönchengladbach. Krings zeigt verschiedene Zeichnungen des ehemaligen Bahnhofs Gladbach.
Vgl. Hochbauten, S. 73.

4. DER BAHNHOF OTTENBRUCH ALS DENKMAL

"Ottenbruch" und "Mirke" als Streitobjekt

B evor der Bahnhof Ottenbruch Baudenkmal genannt werden durfte, mußte in höchster Instanz ein Rechtsstreit entschieden werden, der im folgenden zunächst skizziert wird. Im weiteren Verlauf dieses Buches soll dann die Bedeutung des Baudenkmals verdeutlicht werden, indem wirtschafts- und eisenbahnhistorische Zusammenhänge aufgezeigt werden und mit Eberhard Wulff der Baumeister des Bahnhofs gewürdigt wird. Erst dann soll die Planungs- und Baugeschichte sowie die Beschreibung des Baus die Denkmalwürdigkeit unterstreichen.

Noch vor nicht allzu langer Zeit haftete in unserem kulturellen Ambiente *"den Begriffen Denkmalpflege/Denkmalschutz ein 'reaktionärer' Ruch an"* [84], wie der Kunstpädagoge Hermann J. Mahlberg 1977 festhielt. Die ethymologische Verwandtschaft von 'konservieren' (Konservator) und 'konservativ' sorgte für eine Gleichsetzung der Verhaltensweisen und Tätigkeitsmerkmale im Bereich von Architektur und Städtebau auf der einen und Politik auf der anderen Seite, kritisierte Mahlberg. [85]

Erst in den letzten anderthalb Jahrzehnten verstärkte sich auch das kulturpolitische Engagement vieler Bürger. Das, was der Journalist Franz Alt als "positive Möglichkeiten des Konservatismus" bezeichnet hat, scheint Früchte zu tragen. [86]

Um Ottenbruch und Mirke gab es heftige Auseinandersetzungen – ausgelöst von einzelnen Bürgern und zum Teil in der Lokalpresse ausgetragen.

Unter der Rubrik "Bedrohte Denkmäler – Bedrohte Landschaft" meldete die Zeitschrift "Rheinische Heimatpflege" im April 1981: *"Stadt Wuppertal. Die historischen Bahnhöfe in Wuppertal [gemeint sind hier Mirke und Ottenbruch, d.Verf.] standen in den letzten Monaten im Mittelpunkt heftiger Auseinandersetzungen innerhalb der Stadt. Bürgerinitiativen und der Landeskonservator forderten die Erhaltung der Bauwerke als wichtige Zeugen technischer Kulturdenkmale. Für die denkmalwerte Bahnsteigüberdachung am Bahnhof Mirke und am Bahnhof Ottenbruch war der Einsatz vergebens. Sie wurden abgerissen."* [87] Bald waren die Untere Denkmalbehörde der Stadt Wuppertal und die Bundesbahndirektion Köln einbezogen. Der Streit endete mit jenem Musterprozeß zwischen dem Regierungspräsidenten in Düsseldorf und der Bundesbahn, der schließlich 1984 vom Bundesverwaltungsgericht entschieden wurde.

Obwohl auch die Bau- und Planungsgeschichte der Objekte Mirke und Ottenbruch nahelegt, beide Bahnhöfe gleich zu behandeln, wurde zunächst Ottenbruch (am 15. April 1985), und erst später Mirke (am 31. Juli 1987) endgültig unter Schutz gestellt. [88]

---

[84] Mahlberg, Hermann J.: "Architektur/Denkmalschutz" in der Unterrichtspraxis. In: Brinkmann, Günter (Hrsg.): Praxis Hauptschule. Anregungen für die Gestaltung des Unterrichts, Kronberg 1977, S. 331. Im folgenden verkürzt zitiert als "Mahlberg".

[85] Vgl. a.a.O., S. 331.

[86] Vgl. a.a.O., S. 332 f.

[87] Rheinische Heimatpflege, 18. Jg., Neue Folge, 4/81, S. 286. Eine Bürgerinitiative im eigentlichen Sinne hat es allerdings nicht gegeben.

[88] Als diese Arbeit 1986 entstand, war der Bahnhof Mirke unverständlicherweise noch nicht in die Denkmalliste eingetragen.

Es ist eine Ironie der Geschichte, daß es um Mirke und Ottenbruch zwischen ihrem Schöpfer Eberhard Wulff und seinem Auftraggeber, der Rheinischen Eisenbahngesellschaft, schon einmal heftigen Streit gab.

Der Standpunkt der Bundesbahn

Im Jahre 1977 äußerte sich Kurt Küchler[89] in der Zeitschrift "Die Bundesbahn" zum Thema 'Denkmalschutz und Bundesbahnanlagen'.[90] Er berichtete, daß immer häufiger Behörden einzelner Bundesländer oder Gemeinden Umbau, Erneuerung oder den Abbruch von Anlagen der Deutschen Bundesbahn verhinderten und sie zu geschützten Baudenkmalen erklärten. Küchler verdeutlichte den Standpunkt der Bahn der Jahre 1977 bis 1984 wie folgt: *"Die DB ist bemüht, den Belangen des Denkmalschutzes nach Möglichkeit Rechnung zu tragen; sie ist aber auch gesetzlich verpflichtet, ihre öffentliche Verkehrsaufgabe wie ein Wirtschaftsunternehmen nach kaufmännischen Grundsätzen zu erfüllen. Dies setzt ihren Bemühungen um den Denkmalschutz notwendigerweise Grenzen, was von denjenigen verkannt wird, die die DB nur als öffentliche Institution ansehen, die dem Denkmalschutz in besonderer Weise verpflichtet sei. Im Hinblick auf das natürliche Spannungsverhältnis zwischen Denkmalschutz und wirtschaftlichem Handeln erscheint eine Klärung der Rechtsfrage dringend geboten, ob und wieweit Bundesbahnanlagen dem allgemeinen Denkmalschutzrecht, das nicht [...] Bundes-, sondern Landesrecht ist, unterliegen"*[91] Daß 'reine Verwaltungsgebäude' dem jeweiligen Landesrecht unterliegen, stellte die Bundesbahn damals nicht in Frage. Die zur *"Abwicklung und Sicherung des äußeren Eisenbahndienstes"*[92] bestimmten Anlagen allerdings (Empfangsgebäude, Güterabfertigungen, Bahnhofshallen, Eisenbahnbrücken etc.) seien Vermögensteile der Bundesbahn und stünden damit unter Bundesrecht. Weil nach Auffassung Küchlers weder Bindungen der Deutschen Bundesbahn an das formelle noch an das materielle Landesdenkmalrecht bestanden, wohl aber eine Zusammenarbeit mit den Denkmalschutzbehörden (nach dem Abwägen aller wirtschaftlichen Aspekte) angestrebt werden müßte, sollte bei Meinungsverschiedenheiten eine Entscheidung des Bundesverkehrsministers herbeigeführt werden.[93] Das Urteil des Bundesverwaltungsgerichts vom 23. März 1984 über den Bahnhof Ottenbruch läßt auch diesen Standpunkt der Deutschen Bundesbahn Eisenbahngeschichte werden und hat damit generelle Bedeutung für alle Bundesbahnbauten.

Der Jurist Hans H. Klein[94] umriß ebenfalls 1977 das zu lösende Rechtsproblem: *"Es bleibt also die Frage zu klären, ob [...] der Bundesgesetzgeber eine ausschließliche*

---

[89] Kurt Küchler war 1977 leitender Referent des Fachbereichs Verwaltung in der Hauptverwaltung der Deutschen Bundesbahn in Frankfurt am Main.

[90] Vgl. Küchler, Kurt: Bundesbahnanlagen und Denkmalschutz, In: Die Bundesbahn, 53. Jg., Darmstadt 1977, S. 163-170. Im folgenden verkürzt zitiert als "Küchler".

[91] Küchler, S. 163.

[92] a.a.O.

[93] Vgl. a.a.O., S. 164 - 168.

[94] Vgl. Klein, Hans H.: Bundesbahn und Denkmalschutz, In: Die öffentliche Verwaltung (Zeitschrift), Heft 6, März 1977, S. 194 - 199. Im folgenden verkürzt zitiert als "Klein".

Kompetenz zur Regelung auch der denkmalschutzrechtlichen Belange der DB-Be-triebs-Anlagen besitzt – [...]." [95] Den Argumenten der Bahn, sie unterliege dem Bundesrecht, der Denkmalschutz aber sei Landesrecht und Bundesrecht stehe über Landesrecht, hielt Klein 1977 entgegen: *"Andererseits: solange eine konkrete bundesgesetzliche Regelung dieser (Denkmalschutz-) Aspekte fehlt, könnten die Maßstäbe, die die zuständigen Behörden der Ausübung ihres Ermessens im Rahmen des Planfeststellungsverfahrens zugrundezulegen haben, kaum andere sein als die derzeit nur landesrechtlich normierten."* [96]

Weitere juristische Einzelheiten sollen dem Leser erspart werden. Kurz, die Bundesbahn, wollte sich den Denkmalschutzgesetzen der Länder nicht unterwerfen. Denkmale an stark frequentierten Strecken waren jederzeit willkommen, so schien es. Das Instandhalten von Denkmalen an stillgelegten Strecken oder wenig genutzten Strecken jedoch schien den Finanzexperten der Bahn häufig nicht rentabel.

Zur Chronologie des Rechtsstreits

Mit Hilfe von Zeitungsartikeln der Lokalpresse und Akten des Regierungspräsidenten Düsseldorf soll hier ein Abriß der Auseinandersetzungen um Ottenbruch und Mirke gegeben werden.

Am 17. August 1978 berichtete die Westdeutsche Zeitung von Ausbesserungsarbeiten der Bahnhofsüberdachung am Mirker Bahnhof. Dabei mußte ein Teil des verzierten Holzwerks abgerissen werden. Der damalige Bahnhofsvorsteher versicherte: *"Der Bahnhof Mirke soll sein altvertrautes Gesicht behalten."* [97] Die Neue Ruhr-Zeitung meldete am 25. August 1978, daß die Restaurierung der Ottenbrucher Bahnsteigüberdachung folgen sollte. Gleichzeitig wurden auch Abrißpläne der Bundesbahn angedeutet. [98] Nachdem diese konkreter wurden, verfügte der Regierungspräsident Düsseldorf am 31. Juli 1981 die vorläufige Unterschutzstellung mit dem Ziel, vor allem die hölzerne Bahnsteigüberdachung Ottenbruchs zu retten. Am 10. August 1981 mußte dennoch der Abbau gestattet werden, nachdem die Bundesbahn den Wiederaufbau ausdrücklich garantiert hatte – ein Versprechen, das sie bis heute nicht eingelöst hat. Die Westdeutsche Zeitung fragte am 12. August 1981: *"Verschwindet beliebte Filmkulisse für immer?"* [99] Ottenbruch mit seiner zierlich-kostbaren Dachkonstruktion, Kulisse verschiedener Filmproduktionen, soll sein historisches Gesicht verlieren, hieß es hier. Anfang September 1981 verlor Mirke seine ganze Bahnsteigüberdachung, am Ende desselben Monats büßte auch Ottenbruch trotz Widerspruch seitens der Regierungspräsidenten einen Teil der Holzkonstruktion ein. Am 10. September 1981 meldete die Westdeutsche Zeitung die Reaktion: Der Landeskonservator erklärte den Bahnhof Mirke zum 'Denkmal der Woche', um zu retten, was zu retten war. [100] Für den Bahnhof

---

[95] Klein, S. 196.

[96] a.a.O.

[97] Anonym: Bahnhofsdach wird überholt, In: WZ/GA Wuppertal, August 1978, o.S.

[98] Vgl. Voss, Udo: Altes Holz wird wieder jung, In: NRZ Wuppertal, Nr. 196, August 1978, o.S.

[99] Schara, Susanne: Verschwindet beliebte Film-Kulisse für immer? In: WZ/GA Nr. 185, August 1981, o.S.

[100] Eine solche Deklaration ist keine wirkliche Unterschutzstellung. Die Auszeichnung 'Denkmal der Woche' hat nur einen symbolischen und tagespolitischen Wert. Die DB hat auch diese Erklärung nicht anerkannt.

Ottenbruch kam dagegen Rettung in letzter Minute. Bürgerprotest und Besichtigung durch die amtlichen Denkmalschützer verhinderten hier den totalen Abriß von Perron- und Wartehallen.[101] Der Regierungspräsident Düsseldorf hatte inzwischen ein Planfest-stellungsverfahren eingeleitet, das über die Denkmalwürdigkeit des gesamten Otten-brucher Bahnhofs entscheiden und zugleich über Rückbau und Teilerneuerung der Bahnsteigüberdachung befinden sollte. Am 9. November erhob die Deutsche Bundes-bahn Klage vor dem Oberverwaltungsgericht Münster. Das Münsteraner Urteil vom 15. Dezember 1983 (über das im anschließenden Teilkapitel berichtet wird) mußte am 23. März 1984 vom Bundesverwaltungsgericht bestätigt werden. Bevor das Münsteraner Urteil erging, berichtete die Westdeutsche Zeitung am 14. Oktober 1982 von Stille-gungsplänen der sogenannten Rheinischen Strecke, die damals, wie auch heute noch, nur noch zwischen Mettmann und Düsseldorf sowie zwischen Vohwinkel und Wich-linghausen und einmal täglich zwischen Düsseldorf und Wichlinghausen befahren wurde.[102]

Die Überraschung war perfekt, als dieselbe Zeitung am 23. Oktober 1982 berichten konnte, daß der Landeskonservator die dreizehn Kilometer lange Bahnstrecke zwi-schen Vohwinkel und Wichlinghausen zum 'Denkmal der Woche' erklärt habe. Diese Strecke überquere zahlreiche Seitentäler über eine ganze Kette eindrucksvoller Brücken und Viadukte, die das Wuppertaler Stadtbild an vielen Stellen entscheidend prägten, hieß es in der Begründung.[103] Die von der Bundesbahn geäußerten Pläne, die Strecke vollends stillzulegen, scheiterten bisher am Widerspruch der Stadträte in Mettmann und Wuppertal.

Das Münsteraner Urteil

Das Oberverwaltungsgericht Münster fällt am 15. Dezember 1983 sein Urteil. Darin heißt es: *"Der Bahnhof Wuppertal-Ottenbruch wird von allen Beteiligten [also auch von der DB, d. Verf.] als denkmalwert angesehen."*[104] Und: *"Es ist Sache des Landes zu bestimmen, was ein Denkmal ist und zu regeln, in welchem Verfahren diese Bestimmung zu geschehen hat. Der Bund nimmt auch eine Gesetzeskompetenz für "Denkmalschutz für Bundeseisenbahnen" nicht in Anspruch. Er geht vielmehr davon aus, daß der Bundesgesetzgeber, auch wenn er keine eigene Gesetzgebungskompetenz auf dem Gebiet des Denkmalschutzes hat, dafür zu sorgen hat, daß die einschlägigen Bundesgesetze den aufgezeigten Belangen [des Denkmalschutzes] Rechnung tra-gen."*[105] Die vorläufige Unterschutzstellung als konstitutive Grundverfügung lasse demnach die Anordnung zu, daß ein im Eigentum der Bundesrepublik stehendes

[101] Vgl. Schara, Susanne: Nach dem Dach-Abriß: Mirke Denkmal der Woche, In: WZ/GA Wuppertal, Nr. 210, September 1981, o.S.

[102] Vgl. Anonym: Legt Bundesbahn bald Strecken still? In: WZ/GA Wuppertal, Nr. 239, Oktober 1982, o.S.

[103] Vgl. Anonym: Bahnstrecke "Denkmal" genannt, a.a.O., Nr. 247, Oktober 1982, o.S.

[104] Urteilstext des Oberverwaltungsgerichts Münster, Aktennr. 11 A 1949/83, Münster 1983, S. 2, In: Entscheidun-gen des OVG Münster und Lünseburg, Bd. 37, Nr. 13, Münster 1984. Im folgenden verkürzt zitiert als "Urteilstext".

[105] Urteilstext, S. 6.

Denkmal vorläufig als in die Denkmalliste eingetragen gilt.[106] Die Bundesbahn hatte diese Einträge nicht anerkannt. Mit diesem Grundsatzurteil wurde klargestellt, daß auch die Bundesbahn die Vorschriften der Denkmalschutzgesetze der Länder zu beachten hat: *"Die Grundsätze des Urteils gelten für alle Objekte des Bundes."* [107] Bis Ende 1983 waren in Nordrhein-Westfalen auf Grund dieser Rechtsunsicherheit erst achtzehn Baudenkmale des Bundes unter Schutz gestellt worden.[108]

Nachdem das Urteil durch das Bundesverwaltungsgericht am 23. März 1984 bestätigt und damit rechtskräftig wurde, erfolgte gemäß § 4 DschG NW am 21. Januar 1985 die vorläufige Unterschutzstellung des Denkmals Ottenbruch als "Bundeseisenbahnvermögen" im Eigentum der Bundesrepublik Deutschland. Endgültig wurde der Bahnhof Ottenbruch am 15. April 1985 durch die Stadt Wuppertal in die Denkmalliste eingetragen.

Um die wirtschaftshistorische Bedeutung des Denkmals Ottenbruch, aber auch des Bahnhofs Mirke, beziehungsweise der gesamten Strecke Düsseldorf – (Wuppertal) – Hörde (-Dortmund) zu würdigen, wird das folgende Kapitel einen Einblick in die Wirtschaftsgeschichte des Rheinlands sowie Elberfelds geben. Im weiteren werden Zusammenhänge zwischen der Wirtschaft und dem sich entwickelndem Eisenbahnwesen dieser Region geknüpft.

---

[106] Vgl. a.a.O., S. 5.
[107] a.a.O.
[108] Vgl. Minister für Landes- und Stadtentwicklung (Hrsg.): Denkmalschutz und Denkmalpflege in Nordrhein-Westfalen 1980 - 1984, S. 32 f.

5. WIRTSCHAFTLICHE VORAUSSETZUNGEN

Industriegeschichtliche Zeugnisse

Auf Beschluß des Wiener Kongresses 1815 an Preußen angeschlossen, konstituierte sich 1824 die Rheinprovinz und geriet schnell zur führenden Wirtschaftsregion Deutschlands.[109] Das Rheinland konnte auf ein hochdifferenziertes Handwerk in den verschiedenen seiner Regionen zählen. Wolfhard Weber führt als Grundvoraussetzung der Wirtschaftsblüte(n) im Rheinland auf:

1. traditionelle und ausbaufähige Dienstleistungszentren,
2. Rohstoffe für unterschiedliche Industriezweige,
3. Zugang zur neuen Energiequelle Steinkohle sowie
4. günstige Verkehrslage an Rhein und Ruhr.[110]

Als bedeutendster Regierungsbezirk galt der Düsseldorfs, da dieser auch das Ruhrgebiet und den bergischen Raum umfaßte. Der Elberfelder und Barmer Bereich war ein typisches Wirtschafts- und Handelszentrum der technisch wie wirtschaftlich fortgeschrittensten deutschen Provinz. Die Textilindustrie des Tales spezialisierte sich auf die Verarbeitung von Baumwolle und Seide. Trotz vergleichsweise hoher Bevölkerungsdichte gab es schon zu Anfang des 19. Jahrhunderts einen Arbeitskräftemangel in den Hauptindustriegebieten Deutschlands. Die Einrichtung von Spinnereien in Zuchthäusern, deren Insassen zur Arbeit in den angegliederten Produktionsstätten herangezogen wurden, weist darauf hin.

Die Beseitigung des Arbeitskräftemangels ist später auch ein Argument, das "Wupperthal" mit der Eisenbahn zu erschließen. Nach englischem Vorbild entwickelte sich Elberfeld – Barmen zwischen 1850 und 1860, dem ersten Jahrzehnt der Hochindustrialisierung, durch rationeller arbeitende Antriebs- und Arbeitsmaschinen zum Zentrum der preußischen Seidenstoffproduktion und zum bedeutendsten Textilzentrum seiner Zeit in Deutschland.

Schon Ernst Zinn, der sich 1968 in einer Untersuchung über Elberfelds Baugeschichte des 19. Jahrhunderts ausführlich auch dem *"Veteran unter den noch erhaltenen Hochbauten der deutschen Eisenbahnen vor deren Verstaatlichung"*,[111] nämlich dem Bahnhof Döppersberg, widmete, stellt den Zusammenhang zwischen dem glänzenden wirtschaftlichen Aufstieg Elberfelds und seiner Architektur dieser Zeit deutlich heraus. Die Aufhebung der Binnenzölle 1818, die steuerliche Begünstigung von neu erfundenen Maschinen, Elberfelder Investitionen in Mittel- und Südamerika (Rheinisch-Westindische Kompanie, Deutsch-Amerikanischer Bergwerksverein), später 1832/33 der Zusammenschluß deutscher Bundesstaaten zum Zollverein und 1841 die endgültige Eröffnung der Eisenbahnstrecke Elberfeld – Düsseldorf: dies alles waren Meilensteine, die den Aufstieg Elberfelds begründeten. Die Stadt wuchs zur Großstadt. Die

---

[109] Vgl. dazu Köllmann, Wolfgang: Wirtschaft und Gesellschaft Rheinland-Westfalens zu Beginn des Industriezeitalters. In: Reulecke, Jürgen (Hrsg.): Arbeiterbewegung an Rhein und Ruhr, Wuppertal 1974, S. 11 - 23.

[110] Vgl. Föhl, S. 14.

[111] Zinn, Ernst: Die Baukunst in Elberfeld während der ersten Hälfte des 19. Jahrhunderts, Düsseldorf 1968, S. 11. Im folgenden verkürzt zitiert als "Zinn".

Einwohnerzahl betrug 1840 bereits 39.384, erhöhte sich in den nächsten zwanzig Jahren[112] um 20.000 und überstieg 1885, vier Jahre später als Düsseldorf, die Grenze von 100.000.[113] Die Privatinitiativen zum Eisenbahnbau Westdeutschlands kamen folglich nicht unerwartet aus dem 'Wupperthal' und seiner Umgegend. Der günstigen verkehrsgeographischen Lage verdankte das Rheinland seine über alle Phasen der Industrialisierung hinaus anhaltende Bedeutung. Die Schiffbarmachung der Ruhr 1781, der Rhein, der sich durch die holländischen Zölle immer weiter als Verkehrsweg verteuerte[114] und der Mangel an Straßen waren mitbestimmend für die Entwicklung der Eisenbahn. Vor allem die wirtschaftlichen Interessen der Elberfelder, Aachener oder Kölner Kaufleute ließen sie an den Gründungen von Eisenbahn-Aktien-Gesellschaften teilhaben. Entsprechend dem Wachstum von Wirtschaft und Bevölkerung entfaltete sich in der Zeit von 1840 - 1885 in Elberfeld eine lebhafte Bautätigkeit. Ansehnliche Bürgerhäuser, die Laurentiuskirche (1825 - 1847), Schulen, Krankenhäuser, das Rathaus, der Bahnhof Döppersberg (1848) oder das anspruchsvolle Landgericht (1848) wurden teilweise von bedeutenden Baumeistern ausgeführt. Während die frühen Industriebauten bis auf wenige Reste verschwunden sind, bezeugen noch heute industrielle Bauwerke die wirtschaftliche Entwicklung des Wuppertals in der zweiten Hälfte des 19. Jahrhunderts. Die heutige Denkmalliste führt u.a. folgende Industriedenkmale auf, die einen Einblick in die einstige wirtschaftliche Bedeutung der Stadt vermitteln:

1. die Spinnerei Bemberg, Barmen, 1865;
2. die Weberei Moll, Barmen, 1866;
3. die Zwirnerei Hebebrand, Elberfeld, 1888 (diese wurde 100 Meter vom Bahnhof Mirke entfernt gebaut);
4. die Bandweberei Frowein, 1889, Elberfeld (ebenfalls in der Mirke);
5. der bergisch-märkische Bahnhof Döppersberg;
6. die Seifenfabrik Luhns, Barmen, 1869 (200 Meter von der Strecke der Rheinischen Linie entfernt).[115]

Das Eisenbahnwesen in Westdeutschland

Als erster Schienenweg Westdeutschlands, der zwei Städte miteinander verband, wurde 1838 von der 1835 in Elberfeld gegründeten Düsseldorf-Elberfelder Eisenbahn-Gesellschaft die Strecke zwischen Erkrath und Düsseldorf eröffnet. Damit begann eine Entwicklung, die innerhalb von 35 Jahren zu einem engmaschigen Netz von Eisenbahnlinien im rheinisch-westfälischen Kohlerevier führte und damit auch für das Wuppertal höchst bedeutsam wurde. Hier läßt sich die Wechselwirkung zwischen Industrialisierung und Eisenbahnbau besonders gut ablesen.[116] Für Bergwerke, Hüttenwerke oder

---

[112] 1873 kamen 264 Einwohner im Wuppertaler Raum auf einen Quadratkilometer.

[113] Vgl. de Buhr, Hermann: Sozialer Wandel und Moderne im Wuppertal der Gründerzeit. In: Karl-Hermann Beeck (Hrsg.): Gründerzeit. Versuch einer Grenzbestimmung im Wuppertal, Köln 1984, S. 45. Siehe auch: Zinn, S. 11 - 13.

[114] Vgl. Zilcher, Rudolf: Die Rheinschiffahrt, In: Zeitschrift des VDI 69, 1925, S. 1065 - 1070.

[115] Vgl. Föhl, S. 19 - 126. Zur Geschichte der Firma Luhns: Vgl. Kap. 9.

[116] Vgl. Kind, Friedrich Wilhelm: Entwicklung und Ausdehnung der Eisenbahngesellschaften im niederrheinisch-westfälischen Kohlegebiet, Diss., Leipzig 1908. Überarbeiteter Nachdruck in: Hilger, Wolfgang (Hrsg.): Die Eisenbahnen im Rhein-Ruhr-Gebiet 1838 - 1881, S. 5. Im folgenden verkürzt zitiert als "Hilger".

andere Fabriken bedeutete die Neuerung eine billige und bequeme Transportmöglichkeit. Eine Meldung in der Schwelmer Zeitung vom 11. September 1879 zeigt, wie wichtig solch ein Gleisanschluß noch eingestuft wurde: *"Rheinische Eisenbahn: Zur landespolizeilichen Prüfung des Projectes einer Anschlußbahn der Harkort'schen Bergwerke zu Schwelm an den Bahnhof Schwelm der Rheinischen Eisenbahn ist der Termin Donnerstag, den 18. d. Mts., Mittag 12 Uhr 45 [...] anberaumt."*[117]

Die großen Privatgesellschaften legten, bedingt durch den Konkurrenzdruck, den sie aufeinander ausübten, mehrere Parallelstrecken zwischen Ruhr und Rhein an, die, verbunden durch zahlreiche Nebenstrecken, nur dem Wettbewerb dienten, nicht aber der Ergänzung des Streckennetzes.

Blättert man in den "Geburtsurkunden" der westdeutschen Eisenbahn, so tauchen immer wieder das 'Wupperthal' und der Name Friedrich Harkort[118] auf. Der Einsatz dieses Schwelmer Industriellen für den Bau der Bahnen hatte folgende Hintergründe:

1. Die Industrie des Wuppertales klagte über zu hohe Frachtkosten und zu teures Brennmaterial.[119]
2. Die Ruhr als Verkehrsweg versagte häufig wegen zu niedrigen Wasserstandes, was den Transport über den Fluß erschwerte und damit die Fracht verteuerte.[120]
3. Die holländischen Rheinzölle verteuerten die Fracht ebenfalls.
4. Eine Eisenbahn wäre dagegen von Wetter und Klima völlig unabhängig.[121]

1826 ließ Harkort in Elberfeld seine berühmte Probebahn errichten. Hintergrund war der Gedanke, eine Kohleeisenbahn von Heisingen an der Ruhr in das Wuppertal zu führen, die die alte Kohlenstraße ersetzen sollte.

Die ersten Eisenbahnen Westdeutschlands waren also Verbindungen zwischen den Zechen an der Ruhr und den Hauptkohlenstraßen:

1. Die Harkorter Bahn, die seit 1828 die Schlebuscher Zechen mit Elberfeld verband.
2. Die Muttentalbahn (1829), die südlich von Witten zur Elberfelder Hauptkohlenstraße führte.[122]

Um den Kohleabsatz in Elberfeld und Umgebung zu erleichtern, um die Kohle schneller zu befördern und damit der durch die starke Konkurrenz Englands bedrängten bergischen Industrie zu Hilfe zu kommen, wurde 1830 der preußische Finanzminister Friedrich von Motz aktiv. Er veranlaßte auf Staatskosten die Vermessung der Strecke von Kemnade an der Ruhr nach Elberfeld. Was er als *"der deutschen Finanzwelt unbekanntes Experiment"*[123] bezeichnete, nämlich die Bahn auf Staatskosten anzulegen, scheiterte. Der Ministerrat scheute das Risiko. Obwohl es schon eine Eisenbahn-

---

[117] Stadtarchiv Schwelm: Schwelmer Zeitung, Nr. 110, 11. September 1879, S. 3.
[118] Vgl. Berger, Louis: "Der alte Harkort", Leipzig 1902, S. 222, Vgl. zu Harkort auch: Soeding, Ellen: Die Harkorts, Münster 1957.
[119] Vgl. Cohn, (o.N.): Eisenbahnen. In: Handwörterbuch der Staatswissenschaften, 2. Aufl. Artikel nach Stichworten geordnet, o.S.
[120] Vgl. Hilger, S. 13.
[121] Vgl. Belz, Karl Wilhelm: Eisenbahnen in der industriellen Revolution: Ein früheres Wuppertaler Projekt, Wuppertal 1979, S. 11. Im folgenden verkürzt zitiert als "Belz".
[122] Vgl. Hilger, S. 16 ff.
[123] Zitiert nach Hilger, S. 19.

Abb. 4: Der Bahnhof Steinbeck. Blick nach Osten. (Photo: Historisches Zentrum Wuppertal, Druck von 1842). Der Bahnhof Steinbeck vor dem Durchbruch (1848, Streckeneröffnung: 9. März 1849) zur späteren bergisch-märkischen Linie, die am Döppersberg abfuhr. Steinbeck ist hier also noch Endbahnhof der Düsseldorf-Elberfelder Aktiengesellschaft, die beide Städte verband. Über diese Anlage heißt es bei Langewiesche: "[Hier] ist die Villa Steinbeck, ein Garten-Wirtschaftslokal .[...] Von [hier] aus hat man malerische Aussichten, besonders in die Thalschlucht zwischen dem Kießberg und dem Nützenberg, [...]. Der nebenan liegende Steinbecker Bahnhof dient jetzt, nachdem im Jahre 1858 die Fusion der Düsseldorf-Elberfelder Eisenbahn mit der Bergisch-Märkischen zu Stand gekommen war, nicht mehr dem Personenverkehr, sondern nur noch zur Güter-Expedition." Aus: Langewiesche, Wilhelm: Elberfeld und Barmen. Die Doppelstadt des Wupperthals, Barmen 1863, S. 49. Im folgenden verkürzt zitiert als "Langewiesche"

Aktiengesellschaft gab, die die Prinz-Wilhelm-Bahn (ebenfalls eine sogenannte Kohlenbahn) zwischen Steele und Langenberg finanziert und gebaut hatte, fanden sich 1830 noch keine Privatunternehmer, die dieses Projekt, wie von Regierungsseite befürwortet, übernehmen wollten. Doch war es wiederum Harkort, auf dessen Initiative sich 1836 in Elberfeld die Aktiengesellschaften "Elberfeld-Wittensche E.G." und die "Rhein-Weser-Eisenbahnaktiengesellschaft" (nicht zu verwechseln mit der 1837 in Köln gegründeten Rheinischen Eisenbahngesellschaft) konstituierten. Die Namen der Gesellschaften dokumentieren, welche Ziele sie verfolgten, bzw. welche Städte oder Gebiete durch Gleise verbunden werden sollten. Nach anfänglichen Schwierigkeiten (Eisenbahn-Gründungsschwindel, Verwaltungsfehler bei Rhein-Weser) konnten schließlich die Vorarbeiten beginnen. Nach dem schnellen Konkurs von "Rhein-Weser" (1837) erhielt die Rheinische Eisenbahngesellschaft 1841 von der preußischen Regierung die Genehmigung, das sogenannte "Rhein-Weser-Projekt" durchzuführen. Es sah vor, die Zechen an der Ruhr mit den Flüssen Rhein und Weser, aber auch mit dem Handelszentrum Elberfeld zu verbinden. Zur gleichen Zeit (1841) hatte die Düsseldorf-Elberfelder-Eisenbahngesellschaft ihre Strecke bereits bis nach Elberfeld fertiggestellt (Bahnhof Steinbeck).

Abb. 5: Das "neue" Empfangsgebäude Steinbeck. (Photo: Historisches Zentrum Wuppertal). Diese undatierte Abbildung zeigt das zweite Empfangsgebäude Steinbeck, das, so Stübben, eigens wegen der neuen Konkurrenzlinie der REG in den siebziger Jahren des 19. Jahrhundert von der BME gebaut worden war. Nach Stübben ist Steinbeck zugleich mit Rittershausen und Unterbarmen gebaut worden. Lobende Worte könnten die Bauten allerdings nicht beanspruchen, schrieb der Stadtplaner 1880. Vgl. "Von Berlin nach Brüssel...", S. 196.

Wer heute mit der Bundesbahn diese nach der Prinz-Wilhelm-Bahn zweitälteste Strecke Westdeutschlands befährt, bemerkt zwei Bahnhöfe in auffallend geringem Abstand voneinander: "Steinbeck" und "Elberfeld". Die Entfernung beträgt nur 700 Meter. Dies hat einen historischen Grund: Steinbeck war ab 1841 Endbahnhof der Düsseldorf-Elberfelder-Bahn. Erst 1847 begann am Bahnhof Elberfeld (heute Döppersberg) der Bau der ersten Strecke der 1842 gegründeten Bergisch-Märkischen Eisenbahngesellschaft nach Schwelm, die später bis Dortmund verlängert wurde.

Wie kam es zur Gründung der Bergisch-Märkischen Eisenbahnaktiengesellschaft? Der Vizepräsident der Rheinischen Eisenbahngesellschaft, David Hansemann, hatte darauf gedrängt, daß seine Gesellschaft das Rhein-Weser-Projekt – die ursprünglich Harkortsche Idee –, welches die Verbindung zwischen Rhein und Weser unter Einbeziehung des Wuppertals und der im Norden des Tals angrenzenden Kohlezechen schaffen sollte, fortführte.[124] Aus wirtschaftlichen Gründen hatten sich die Aktionäre aber im Mai 1841 für eine Streckenführung von Deutz nach Duisburg unter Umgehung des bergisch-märkischen Raumes entschieden. Dieser Schlag für die gesamte Elberfelder und Barmer Industrie hatte 1842 zur Gründung des Bergisch-Märkischen Eisenbahnkomitees geführt. Bei Karl Wilhelm Belz findet sich folgender Abriß aus der Eisenbahngeschichte des Wuppertals:

---

[124] Vgl. Belz, S. 40.

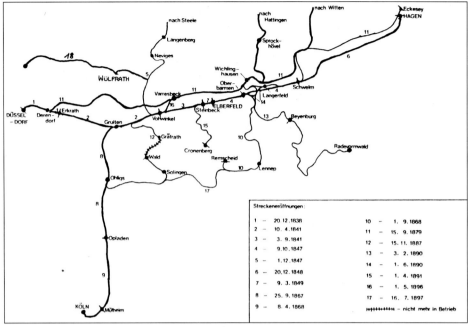

Abb. 6: Anlage und Erweiterung des Eisenbahnnetzes im Bergischen von 1838 bis 1897, (Karte aus: Belz, S. 91). Vom Verfasser wurde die schon vor 1897 geplante und erst 1903 eröffnete Angertalbahn, die für das niederbergische Gebiet und die Wupperregion wirtschaftshistorisch bedeutsam war, ebenfalls eingezeichnet und mit der Nr. 18 versehen. Durch die Angertalbahn konnten zwischen Wülfrath und Ratingen verschiedene Kalkvorkommen erschlossen und transportiert werden. (Vgl. auch Kapitel 2).

18./19. Oktober 1842: Gründung der Bergisch-Märkischen Eisenbahngesellschaft.

1844: Erteilung der Bauerlaubnis für die Strecke Elberfeld – Dortmund.

1846 - 1850: Errichtung der Bahnhöfe Döppersberg, Barmen, Schwelm etc.

   Oktober 1847: Eröffnung der Strecke Elberfeld – Schwelm.

1848: Eröffnung der Strecke Schwelm – Hagen.

1849: Verbindung zwischen Steinbeck und Döppersberg wird geschaffen.

1850: Übernahme der gesamten Verwaltung der Bergisch-Märkischen EG durch den preußischen Staat.

1873: Konzessionierung der Strecke Düsseldorf – Hörde über Elberfeld der Rheinischen Eisenbahngesellschaft.

15. September 1879: Eröffnung dieser Strecke.

1882: Verstaatlichung der Bergisch-Märkischen EG.

1886: Verstaatlichung der Rheinischen EG.[125]

---

[125] Vgl. Belz, S. 104 - 111. Vgl. auch Heßler, S. 29 f. Leider geht Heßler nicht auf die Rolle der REG ein, die zur Gründung der BME führte. Fälschlicherweise schreibt er gar den Aktionären der Cöln-Mindener-Aktiengesellschaft die auslösende Entscheidung zu, die beschriebene Strecke des Rhein-Weser-Projekts nicht durch Elberfeld und Barmen zu führen.

Nicht die Wechselwirkung zwischen Industrialisierung bzw. wirtschaftlichem Aufschwung und Bahnbau veranlaßte den preußischen Staat, das entstandene enge Schienennetz zwischen 1879 und 1886 zu verstaatlichen. Vielmehr war es die Tatsache, daß man die militärische Bedeutung der Strecken erkannt hatte.[126]

Zur Geschichte der Rheinischen Eisenbahngesellschaft (REG)

Vorrangiges Ziel der Gründung der Rheinischen Eisenbahngesellschaft im Jahr 1837 in Köln war das Streben nach Unabhängigkeit von den holländischen Rheinzöllen. Ihre erste Strecke eröffnete die Gesellschaft am 2. August 1839 – eine Teilstrecke zwischen Köln und Müngersdorf, ihrer späteren Linie nach Aachen.[127]

Unter Führung des Aachener Kaufmanns David Hansemann beabsichtigte die REG ab 1841, durch die Übernahme des Rhein-Weser-Projektes in das Industriegebiet der Ruhr und in die Gebiete des Niederrheins einzudringen. Der Entscheid der REG von 1841, Elberfeld im Rhein-Weser-Projekt zu umgehen, sorgte aber letztlich für das Scheitern des Projektes im Jahre 1843. Die Gründe hierfür waren:

1. Querelen unter den Aktionären kosteten Zeit – unter anderem hatten sich die Elberfelder Geldgeber "quergestellt", da ihnen ja der Anschluß über Elberfeld von der Mehrheit der Aktionäre als zu teuer abgelehnt worden war.
2. Konkurrenzunternehmen hatten die von der REG ursprünglich geplanten Strecken schneller gebaut. Die Umgehung Elberfelds im Rhein-Weser-Projekt hatte sich sogar doppelt negativ für die REG ausgewirkt:

Die Bergisch-Märkische Eisenbahngesellschaft hatte sich als Reaktion gegründet, war schnell zum größten Konkurrenten geworden, und das Rhein-Weser-Projekt war auch noch gescheitert. Friedrich Wilhelm Kind dazu: *"Allmählich lernte die Gesellschaft aber den damals gemachten Fehler einsehen, und sie beschloß Anfang der 60iger Jahre, sich von der Bergisch-Märkischen, wie [...] Köln-Mindener durch den eigenen Ausbau einer Linie ins Herz des Kohlenbergbaus frei zu machen."*[128] Entsprechende Konzessionen wurden auch erteilt, denn ein drittes Eisenbahnsystem im Ruhrgebiet verhinderte Absprachen und damit eine Monopolstellung. In Bergbaukreisen genoß die 'Rheinische' daher große Sympathien. Um ein Monopol der Cöln-Mindener-Eisenbahngesellschaft zu verhindern, sorgten Vertreter des Bergbaus durch Intervention bei der Regierung für verschiedene Aufträge von Streckenneubauten der REG. So entstanden die Strecken Venlo – Hamburg und Hochfeld – Duisburg, und mit Essen, Wattenscheid und Bochum wurden wichtige Kohlereviere angeschlossen. Die REG steigerte, zum Teil wagemutig, ihr hastiges Ausdehnungsbestreben.

---

[126] Vgl. Hilger, S. 5.
[127] Vgl. Kumpmann, Karl: Die Entstehung der Rheinischen Eisenbahngesellschaft 1830 - 1844, Essen 1910, S. 105 - 108. Im folgenden verkürzt zitiert als "Kumpmann".
[128] Hilger, S. 130.

Das Verhältnis der REG zu Elberfeld

Als einen *"der kühnsten und verwegensten Pläne"*[129] der REG unter ihrem langjährigen Präsidenten Gustav von Mevissen (1815 - 1899) bezeichnete Kind den Bau der Parallelstrecke zur Bergisch-Märkischen Linie auf den Höhen des Wuppertals zwischen Düsseldorf und Hörde, der von 1873 bis 1879 durchgeführt wurde. Denn die Strecke Düsseldorf – Elberfeld (- Ottenbruch – Mirke) – Barmen – Hagen – Hörde (– Dortmund) lief fast parallel und in kurzem Abstand von der bergisch-märkischen Stammbahn und berührte dieselben Orte und Städte.

Während in Elberfeld der Abstand etwa fünf Kilometer betrug, schrumpfte er in Oberbarmen auf etwa 200 Meter. Von der "rheinischen" Brücke über die Schwarzbach war der "bergisch-märkische" Bahnhof Rittershausen (heute Oberbarmen) gut sichtbar. Die Terrainverhältnisse galten als sehr schwierig, da man über die Höhen gehen und die Täler überqueren mußte. Zudem war die bergische Industrie durch lange Gewöhnung mit der Bergisch-Märkischen verwachsen. Schließlich waren zur Zeit der Konzessionierung die Antipathien der Elberfelder und Barmer gegen die REG wegen des Aussparens der Wupperstädte beim Rhein-Weser-Projekt noch nicht vergessen. Daß die Rechnung der REG dennoch aufgehen könnte, vermutete die Schwelmer Zeitung in ihrem Bericht über die Eröffnung der Strecke am 18. September 1879: *"Westfalen und Rheinland. Schwelm, 16. Sept. (Betriebseröffnung) Am gestrigen Tage ist die Strecke Hagen – Düsseldorf der Rheinischen Eisenbahn dem Betrieb übergeben worden. Die neue Linie macht der Bergisch-Märkischen Eisenbahn ganz bedeutende Conkurrenz, indem sie bei weitem kürzer ist und geringere Fahrzeit, sowie auch geringere Fahrpreise hat. Die Bergisch-Märkische Bahn hat sich deshalb auch bereits zu einer Ermäßigung ihrer Fahrpreise für die Strecken Dortmund – Hagen und Hagen – Düsseldorf verstehen müssen. Rücksichtlich des Verkehrs und der Rentabilität der neuen Linie ist zu erwähnen, daß dieselbe ein außerordentlich wichtiges Glied in dem Netz der Bahnen der Rheinischen Eisenbahngesellschaft ist. Wenn erst die Verbindungen mit dem linken Ufer des Niederrheins bei Düsseldorf hergestellt sind und die Linie Elberfeld – Köln ausgebaut sein wird, so wird die Linie Dortmund – Elberfeld – Düsseldorf und insbesondere die Bahn durchs Wupperthal eine der verkehrsreichsten in ganz Deutschland werden. Freilich solange die Schienen auf dem rechten und linken Ufer des Rheines [gemeint sind die der REG, d.Verf.] nicht durch eine feste Brücke bei Düsseldorf verbunden werden und die Linie von Köln nach Elberfeld—es ist noch eine schwierige Strecke von Sonnborn nach Opladen fertigzustellen – nicht vollendet ist, kann die so sehr kostspielige Bahn von Düsseldorf – Hörde – Dortmund dem Verkehre nur geringe Dienste leisten."*[130]

Von der Hagener Volkszeitung vom 23. August 1879 wurde die Streckeneröffnung der REG im Hinblick auf die Monopolstellung der Bergisch-Märkischen sogar als befreiende Tat gefeiert. Tatsächlich nutzte die bergische Wirtschaft sehr schnell die Vorteile dieses neuen Konkurrenzverhältnisses, obwohl die Bergisch-Märkische ihren Sitz in Elberfeld hatte und weiterhin viele Sympathien genoß.

---

[129] a.a.O., S. 136.

[130] Stadtarchiv Schwelm: Schwelmer Zeitung, Nr. 110, 18. September 1879, S. 2, Rubrik "Westfalen und Rheinland".

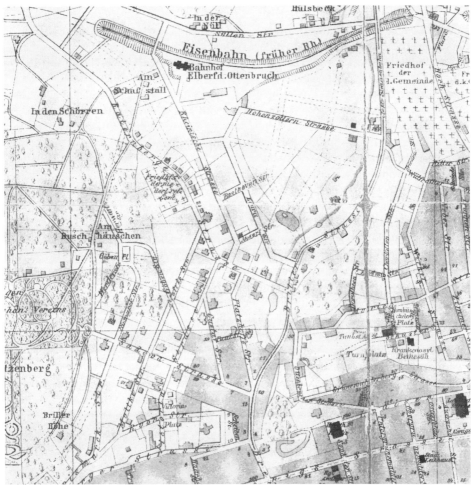

Abb. 7: Ausschnitt aus dem Plan der Stadt Elberfeld des Geometers Leyendecker aus dem Jahr 1888. Aus: Villa Amalia, S. 71. Die gestrichelten Linien geben Auskunft über Erweiterungspläne des Straßennetzes rund um den Bahnhof Ottenbruch. Vgl. dazu: Der Stadtplan Elberfelds von 1896; aus: Brockhaus Konversations-Lexikon, 14. Auflage, Bd. 5, Leipzig/Berlin/Wien 1898. Hier finden sich alle drei genannten "Rheinischen Straßen".

Die bereits vor dem deutsch-französischen Kriege entstandenen Pläne der REG, endgültig in die Kreise Berg und Mark vorzudringen, mündeten am 20. Juni 1872 in dem Antrag auf Konzession. Ausschlaggebend für die Genehmigung dieses Antrages war sicherlich die Bitte der Barmer Handelskammer, die sich am 28. September 1872 an das preußische Handelsministerium wandte und daraufhin wies, daß die Güter der BME wegen Überbelastung acht Tage brauchten, bis sie in Düsseldorf seien. Die Barmer Handelskammer, die sich hier für eine möglichst schnelle Bauerlaubnis aussprach, schien trotz des schlechten Images, das die REG noch "im Tal" hatte, die Zeichen der Zeit und vor allen Dingen die wirtschaftlichen Vorteile dieser zweiten Eisenbahnlinie frühzeitig erkannt zu haben. Am 9. Juni 1873 war die Genehmigung erteilt worden, und die Bauarbeiten in den beiden Abschnitten Düsseldorf – Wichlinghausen und Wichlinghausen – Hagen – Hörde durften beginnen. Nach etwa sechsjähriger Bauzeit konnte zunächst am 15. Mai 1879 die Teilstrecke Hagen – Hörde und am 15. September 1879 die Strecke Düsseldorf – Hagen eröffnet werden. Damit war die 73 Kilometer lange Strecke fertig. Die zunächst eingleisige Strecke wurde 1895 zweigleisig.[131]

Schon am 1. Januar 1886 war die 1879 eingeleitete, schrittweise Übernahme der Strecken der Rheinischen Eisenbahn durch den preußischen Staat abgeschlossen. So konnten die Aktionäre nicht mehr feststellen, ob sich ihr Wagnis finanziell ausgezahlt hatte. Der Verwaltungsapparat der Bergisch-Märkischen Eisenbahngesellschaft war schon 1850, die Strecken 1882 verstaatlicht worden. Weitere Projekte der Rheinischen Eisenbahn, die mit diesem Streckenbau zusammenhingen, kamen nicht mehr unter ihrer Regie zur Ausführung. Als die Verstaatlichung erfolgte, waren insgesamt 1.356,41 Kilometer Bahnlänge im Besitz der REG. Mit den gepachteten Bahnkilometern standen für den Personenverkehr 1.290,12 und für den Güterverkehr 1.408,50 Kilometer zur Verfügung. Als Folge der Verstaatlichung wurden Projekte für insgesamt 42.671.000 Mark aufgegeben.[132] Der preußische Staat übernahm die Privatlinien, weil er – sicherlich im Rückblick auf den deutsch-französischen Krieg von 1870/71 – ihren militärischen und finanziellen Nutzen erkannt hatte.

Gab es vor der Verstaatlichung der Privatlinien noch in vielen Städten "bergisch-märkische", "Köln-Mindener" oder "rheinische" Stationsgebäude, so erinnern heute – sofern die Bahnhöfe noch existieren – vielfach nur noch Straßennamen an die Existenz dieser Privatlinien. In Schwelm gibt es noch eine Rheinische Straße. Auch die heutige Funckstraße in Elberfeld, an der der Bahnhof Ottenbruch liegt, hieß früher Rheinische Straße. Barmen hat heute noch seine Rheinische Straße; in Nächstebreck führt sie direkt auf die Eisenbahntrasse zu, obwohl dort nie ein Bahnhof stand.

---

[131] Vgl. Perillieux, Winand/Schiebel, Peter: Eisenbahnen zwischen Rhein und Ruhr. Die Westdeutsche Eisenbahn seit 1838. In: Eisenbahn Journal IV/1987, Fürstenfeldbruck 1987, S. 49 ff. u. S. 62.

[132] Vgl. Hilger, S. 140. Aufgegeben wurde das Dhünntal-Projekt (etw. 19 Mio M), die Strecken Düsseldorf-Neuss (7,5 Mio), Steele - Hattingen (5,4 Mio) und diverse Zechenbahnen (5 Mio) etc.

6. EBERHARD WULFF,
INGENIEUR UND ARCHITEKT

Wulffs Harmonielehre

Der verantwortliche Bauleiter der hier behandelten Bahnhofsobjekte war Eberhard Wulff, dessen Wirken zwar seitens der Forschung bekannt und anerkannt,[133] dessen gesamtes Werk aber augenscheinlich in Vergessenheit geraten ist. Die Kurzbiographie bei Trier/Weyres von 1980 lautet: *"Wulff, Eberhard, Leiter der Hochbauabteilung der REG. Werke: Bonn, Hauptbahnhof, nicht ausgeführter Entwurf von 1882. Gerolstein, Bahnhof, Kyllburg, Bahnhof, Rheydt, Bahnhof um 1876."*[134] Diese Arbeit kann nicht nur die Liste der Wulffschen Bauwerke erweitern, sie wird im folgenden in der Datierung der Wulffschen Objekte genauere Angaben machen können und einige, der Forschung bislang unbekannte Aspekte seiner Biographie hinzufügen können.

Unbekannt müssen jedoch weiterhin Eberhard Wulffs Lebensdaten bleiben, und auch über Mitstreiter des Baumeisters bei der REG ist unser Wissen nur lückenhaft. Bislang ließ sich nicht ermitteln, wer unter der Verantwortung Wulffs und dem Kölner Baurat Alexander Menne (der in Köln über alle REG-Projekte 'wachte', weil er ihre Finanzierung verantworten mußte) die Viadukte oder den Gleisbau an unserer Rheinischen Strecke ausführte. Einige Indizien deuten darauf hin, daß der Architekt der Bahnhöfe an unserer Strecke, Eberhard Wulff, auch zugleich die Pläne für Wuppertals Viadukte entwarf.

Belegt werden kann, daß Wulff ab dem Wintersemester 1866/67 als Dozent an der Baugewerksschule in Holzminden lehrte, die in "Haarmanns Zeitschrift für Bauhandwerker" ein anerkanntes Publikationsorgan besaß.[135] Es ist zu vermuten, daß Eberhard Wulff hier die Nachfolge des 1864 verstorbenen Friedrich Ludwig Haarmann antrat, dessen Spezialgebiet der Bau von Viadukten, Brücken und anderen Wasserbauten war,[136] weil er bereits in den Ausgaben derselben Zeitschrift von 1868 eine sehr ausführliche Abhandlung mit dem Titel "Praktische Anleitung zur Construction massiver Durchlässe, Unterführungen und Brücken" veröffentlichte.[137] Wulff zeigt dabei Detailkenntnisse der in Sandstein gebauten Eisenbahnbrücken der Holzminden-Kreienser Bahn, und es ist anzunehmen, daß er beim Bau dieser Bahn planerisch beteiligt war. Dafür spricht auch, daß verschiedene Viadukte und Brücken dieser zu Beginn der

---

[133] Vgl. Trier, Eduard/Weyres, Willy (Hrsg.): Kunst des 19. Jahrhunderts im Rheinland. Architektur II, Bd. 2, S. 76 ff und S. 556. Im folgenden verkürzt zitiert als "Trier/Weyres."

[134] a.a.O., S. 556

[135] Diese Zeitschrift wurde vom Begründer der Schule (die heute mit einer Fachhochschule zu vergleichen wäre), Kreisbaumeister F.L Haarmann, herausgegeben. In den Protokollen des Lehrervereins der Schule findet sich "Herr Bautechniker Eberhard Wulff aus Holzminden", der im Verlauf der weiteren Protokolle als "Architekt und Geometer" bezeichnet wird. Vgl. Haarmanns Zeitschrift für Bauhandwerker, 11. Jg., 1867 (Anlage zum Octoberheft), S. 1. In den Protokollen aus den Semestern zuvor findet sich der Wulffsche Name noch nicht.

[136] Vgl. Nachruf auf F.L. Haarmann. In: Haarmanns Zeitschrift für Bauhandwerker, 8 Jg., No. 9, 1864, S. 189 ff.

[137] Vgl. Haarmanns Zeitschrift für Bauhandwerker, 12. Jg., 1868, No. 1 bis 12. Interessant ist, daß Wulff ein ganzes Kapitel der künstlerischen Bedeutung von Brücken und Viadukten widmete. Vgl. a.a.O., S. 51 - 54.

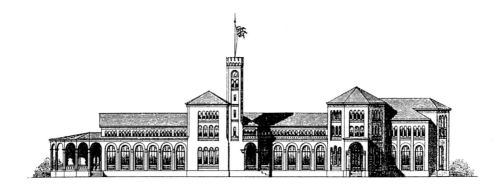

2. (Bonn.)

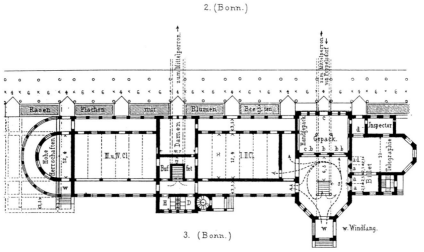

3. (Bonn.)

Abb. 8: So sollte einmal der rheinische Bahnhof von Bonn aussehen. Diese Variante von Eberhard Wulff wurde so nicht ausgeführt. Auch dieser Entwurf ist vor 1880 zu datieren. Oben: Ansicht des geplanten Bonner Empfangsgebäude. Unten: Grundriß des Erdgeschosses. Aus: Wulff, Bildtafel 6, Figuren 2 und 3.

sechziger Jahre errichteten Strecke 1866 in der Zeitschrift der Baugewerksschule beschrieben und besprochen werden.[138] Sicherlich wird er beim Bau dieser Strecke den Tunnelbauspezialisten Franz von Rziha kennengelernt haben, der dann in den siebziger Jahren mit ihm die Wuppertaler Tunnel konzipierte.[139] Von Rzihas Veröffentlichungen über eine neue Tunnelbauweise aus Eisen werden von der Haarmannschen Zeitschrift besprochen,[140] so daß ein Kontakt zwischen der Baugewerksschule, von Rziha und Wulff angenommen werden darf. Vielleicht nutzte Wulff während seiner Tätigkeit für

---

[138] Vgl. Haarmanns Zeitschrift für Bauhandwerker, 10 Jg., 1866, No. 9, S. 138 f. und No. 10, S. 151-154. Bei diesen Besprechungen werden die Bauzeiten des Luheviaduktes bei Greene (1862 - 1864) und der Leine-Strom-Brücke bei Ippensen (1862/63) genannt.

[139] Vgl. Kap. 9.

[140] Vgl. Rezension über "Die neue Tunnelbauweise in Eisen, angewandt vom Ingenieur Franz Rziha bei den Tunnelbauten zu Raensen und Ippensen auf der Herzogl. Braunschweig-Holzmindener Eisenbahn". In: Haarmanns Zeitschrift für Bauhandwerker, 8. Jg., No. 4, 1864, S. 121 -124.

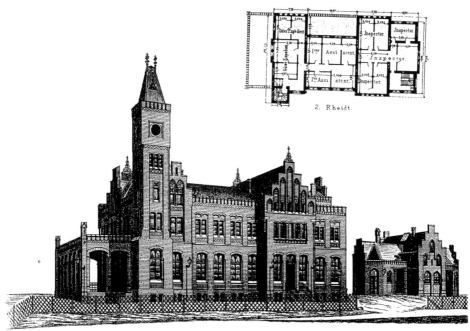

2. Rheidt.

1. Rheidt.

Abb. 9: Der Bahnhof Rheydt von Eberhard Wulff. Vorderansicht und Grundriß der 1. Etage. Aus: Wulff, Bildtafel 3, Figuren 1 und 2.

die Eisenbahn den gewonnenen Kontakt zur Baugewerksschule und fand dort nach Abschluß des Projektes als Dozent eine Anstellung. Nach dem Wintersemester 1868/69 wird Wulff zur REG gegangen sein.

Wenn auch die Informationen über Wulff lückenhaft sind, können wir uns dennoch ein Bild über ihn machen, denn er hinterließ zwei weitere Publikationen. Während das eine Buch mit dem Titel "Das Eisenbahn-Empfangs-Gebäude nach seinen praktischen Anforderungen und seiner künstlerischen Bedeutung" von 1881 als wichtige Quelle dieser Arbeit unter anderem auch bedeutende andere Bauwerke von Eberhard Wulff nennt (worauf im folgenden noch eingegangen wird), dokumentiert eine zweite selbständige Veröffentlichung Wulffs seine "Philosophie", seine Auffassung von Architektur: Während seiner Dienste für die Rheinische Eisenbahn gab er 1874 ein Buch mit dem Titel "Architektonische Harmonielehre" heraus.[141]

---

[141] Vgl. Wulff, Eberhard: Architektonische Harmonielehre in ihren Grundsätzen dargestellt, Wien 1874. (Standort: Universitätsbibliothek Stuttgart.) Im folgenden verkürzt zitiert als "Harmonielehre". Schon in den Protokollen des Lehrerclubs an der Baugewerksschule Holzminden zeigt sich, daß Wulff bereits 1866 gegen eklektizistische Tendenzen argumentiert. Am 12. Januar 1867 "hält der Architekt Wulff einen Vortrag über die geometrischen Proportionen in der Baukunst," heißt es im Protokoll dieser Sitzung. Wulff diskutiert hier bereits seine Thesen, die dann 1874 in seiner "Harmonielehre" veröffentlicht werden. Vgl. Haarmanns Zeitschrift für Bauhandwerker, 11. Jg. (Anlage zum Octoberheft), 1867, S. 4 und S. 12 f. Auch in seinem Aufsatz "Die klassische und mittelalterliche Baukunst" von 1867 setzt sich Wulff mit dem gotischen und dem klassischen Baustil und den Folgen für die Architektur seiner Zeit auseinander. Auch dieser Aufsatz ist ein Vorläufer der "Harmonielehre". Vgl. Wulff, Eberhard: Die klassische und mittelalterliche Baukunst in Entwürfen nebeneinandergestellt und erklärt von E.W., Architekt. In: Haarmanns Zeitschrift für Bauhandwerker, 11. Jg., No. 2 und No. 3.

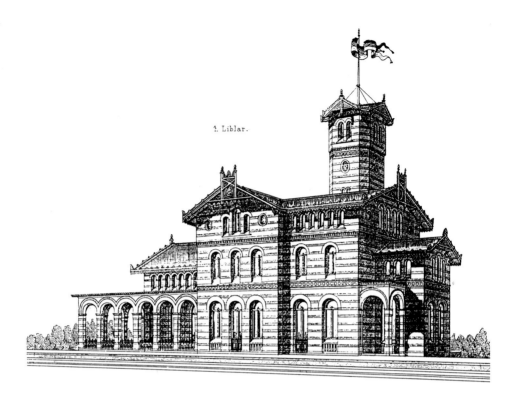

1. Liblar.

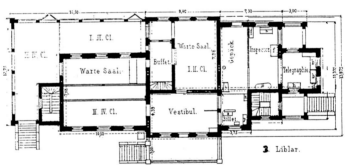

3. Liblar.

Abb. 10: Der Bahnhof Liblar von Eberhard Wulff. Gleisansicht und Grundriß. Aus: Wulff, Bildtafel 1, Figuren 1 und 3.

Als diese Abhandlung erscheint, ist Wulff bereits mit der Planung der Hochbauten an der Strecke Düsseldorf – Hörde beschäftigt. Der Baumeister, Ingenieur und Vorsteher der "Hochbauabteilung" der REG befaßte sich also über die Planung von Stationsgebäuden hinaus mit den Grundlagen der Architektur überhaupt. Wulffs Harmonielehre ist einer jener Versuche von Architekten und Architekturtheoretikern, die den Historismus als unbefriedigende Sackgasse empfinden, die Architektur des späten 19. Jahrhunderts zu einem neuen Stil zu führen. Auf diese Suche nach einem neuen, noch nicht dagewesenen Baustil, der die Nachahmung historischer Baustile, also den Historismus und den Eklektizismus, ablöst, begibt sich also auch Eberhard Wulff. Im Vorwort seiner architektonischen Harmonielehre nennt er als eines seiner Hauptziele die Vermittlung zwischen "gotischem" und "klassischem" Baustil. Diese ist für ihn die Grundvoraussetzung der eigenen Harmonielehre: *"Ich wähle übrigens mit Willen das Bild eines entzweiten Ehepaars, denn ich erkenne nur eine Architektur an, die universell ist, wie die Musik, und wenn sich innerhalb derselben die klassische und mittelalterliche Richtung auf's heftigste bekämpfen, als hätten sie nicht nur nichts Gemeinsames, sondern ständen sie sich sogar als feindliche Prinzipien [...] gegenüber, so machen sie allerdings den Eindruck von Eheleuten, die, obgleich durch ein festes, unauflösliches Band miteinander verbunden, es trotzdem für eine höchst zweckmäßige Beschäftigung ansehen, sich ihre vermeintlichen Vorzüge wie Fehler gegenseitig täglich unter die Nase zu reiben. Frau Gothik [...] wirft ihrem klassisch-gebildeten Manne [...] vornehmlich Kälte, ja geradezu heidnisch-materialistische Lebensanschauung vor, während dieser, der sich natürlich auf der Höhe des modernen Zeitbewußtseins fühlt, in höchst verletzter Weise über die spiritualistisch-transcendentale Richtung seiner Gemahlin die Nase rümpft.*

Zwischen diese, auf dem besten Weg zur 'unüberwindlichen Abneigung' begriffenen Eheleute wage ich mit meiner versöhnlichen Harmonielehre zu treten, welche nicht nur die harmonischen Verhältnisse der Architektur fixieren, sondern auch [...] das harmonische Band welches alle Style umfaßt, also ihre volle gegenseitige Berechtigung nachweisen soll."[142]

In Anlehnung an Friedrich Schlegels Auffassung, Baukunst sei "gefrorene Musik", entwickelt Wulff eine Theorie, deren Metaphorik er ebenfalls den *"Grundgesetze(n) der Harmonie der Töne"*[143] entnimmt. Wulff unterscheidet zwei Hauptrichtungen in der Architektenschaft, *"von welchen die eine dem Gefühle, d.h. dem Auge allein das Recht zuspricht, die Harmonie der Verhältnisse in der Architektur zu bestimmen, während die andere sich bemüht, mathematische Proportionen aufzufinden, durch deren Anwendung die Harmonie aller Theile zu erreichen sei."*[144] Erstere seien Vertreter des *"klassischen Style'[s]"*,[145] die anderen *"Gothiker"*[146]. Wulff fordert folglich für die Architektur seiner Zeit einen neuen, eigenen Baustil oder zumindest einen Weg dorthin . Sein Ruf galt den *"allgemeinen, für die gesamte Baukunst geltende[n], harmonische[n] Regeln"*,[147] weil nur diese *"eine vorurtheilsfreie Würdigung der verschiedenen Bau-*

---

[142] Harmonielehre, S. 6.
[143] a.a.O., S. 7.
[144] a.a.O.
[145] a.a.O.
[146] a.a.O., S. 6.
[147] a.a.O., S. 7.

style und eine Verständigung der vielfach so sehr divergierenden Richtungen in der Architektur" [148] ermöglichten.

Eine solche Würdigung ist für Wulff die Voraussetzung, um die Architektur insgesamt fortzuentwickeln. Das Gegeneinander zweier Richtungen führe in die Sackgasse. Wulff stützt sich auf den Grundsatz, daß mathematische Gesetze das harmonieerzeugende Prinzip in der Architektur seien, durch das eine künstlerische Wirkung erst entstehe. Er stellt eine innige Verwandtschaft zwischen Linien und Tönen fest und formuliert folgendes Grundgesetz:[149] *"Was in der Musik der Grundton ist, aus welchem sich alle mit ihm und unter sich in harmonischer Beziehung stehenden Töne nach einem natürlichen mathematischen Gesetze von selbst entwickeln, indem die unzähligen, zwischenliegenden Töne als unrein verworfen werden, das ist in der Architektur die Grundfigur[150] eines jeden architektonischen Werkes, aus welcher sich alle untereinander in harmonischer Beziehung stehenden Maße und Verhältnisse nach einem gleichfalls natürlichen mathematischen Gesetze von selbst ergeben, indem alle anderen, in keiner Beziehung zur Grundfigur stehenden Verhältnisse ebenso naturgemäss als unrein, d.h. dem einheitlichen Grundgesetze widersprechend, ausgeschlossen werden."* [151]

Den Vergleich zwischen Musik und Architektur treibt Wulff so weit, daß er in Analogie zur Musik ein *"architektonisches Vibrations-Gesetz"* [152] aufzustellen versucht. Dieses soll alle harmonisch wirkenden Verhältnisse eines Bauwerks erfassen. Den Ausdruck "Vibration" wählt er bewußt, unterstreicht dieser doch, daß ein Bauwerk keine tote Masse ist. Die Lebendigkeit des Bauwerks dokumentiert sich für Wulff bereits im täglichen Sprachgebrauch, z.B. in Baubeschreibungen. Er zitiert als Beispiel: *"Ein Bauwerk wächst, steigt in die Höhe, [...] die Profile bauchen sich aus, ziehen sich ein, leisten [...] Widerstand, [...] schwingen in leichten Bögen hin und her [...]."* [153]

Also beruhe diese Lebendigkeit darauf, daß *"sich die in der Konstruktion thatsächlich wirkenden, aber im Gleichgewicht haltenden Kräfte durch entsprechende Formen dem Auge kundgeben, [...und] darauf, dass das Auge seine eigene Bewegung, der es sich bei dem vergleichenden und geniessenden Beschauen der einzelnen Architekturtheile hingibt, auf das Bauwerk selbst überträgt."* [154]

Das *"harmonische Moment der Linien"* ,[155] das ist nach Wulff die Eigenschaft, die dem Auge *"künstlerische Befriedigung"* [156] gewährt, beruht allein auf ihrer rein geometrischen Gesetzmäßigkeit.

Wulff mißbilligt die bloßen Nachahmer unter seinen noch lebenden Kollegen, ebenso wie er auch die Anlehnung an historische Baustile der Architekten des frühen 19. Jahrhunderts ablehnt. Sein Rat ist, das Studium geometrischer Konstruktionen im

---

[148] a.a.O., S. 8.
[149] Vgl.a.a.O.
[150] Unter "Grundfigur" verstand Wulff die einfachste Figur, von welcher alle komplizierten Figurationen, Linien und Verhältnisse eines Bauwerks abgeleitet sind.
[151] Harmonielehre, S. 8.
[152] a.a.O.
[153] a.a.O.
[154] a.a.O.
[155] a.a.O.
[156] a.a.O.

Rahmen der analytischen Geometrie als Grundlage zu nehmen und so den Studenten an eine streng gesetzmäßige Bildung der Linien überhaupt zu gewöhnen, um auf diese Weise *"Bildungsfähigkeit"* [157], wir würden sagen "Kreativität" zu erzeugen. Dies sei besser, *"als wenn er [der bildende Künstler, d. Verf.] seine Hand nur durch Nachbildung vorhandener Beispiele übt, in welchem Falle er immer mehr oder minder auf blosse Nachahmung hingewiesen sein wird."* [158]

Ein systematischer Unterricht im Entwerfen von "Gefühlslinien" – Linien, die nicht mit geometrischen Hilfsmitteln zu konstruieren sind – sei auf dieser Grundlage ebenfalls möglich, glaubt Wulff. Nur über bekannte geometrische Formen und Linien, die in *"gesetzmäßiger Weise so modificiert [werden], [...] dass sie bestimmten ästhetischen Anforderungen entsprechen"* [159], könne die Architektur weitergebracht werden.

An zahlreichen Beispielen, in denen er bestimmte Grundfiguren zeichnerisch verfremdet, führt Wulff seine Ideen vor, getreu dem Grundsatz seiner Harmonielehre *"dass keine Verhältnisse oder Linien zur Verwendung kommen dürfen, welche sich nicht aus der Grundfigur auf naturgemässem, d.h. geometrischem Wege gleichsam von selbst ergeben."* [160]

Forderungen an die Architektur nach 1874

Von der Architektur seiner Zeit fordert Eberhard Wulff, gemäß dem Gedanken der 'Einheit in der Vielheit', eine *"unendliche Melodie"* [161] zu komponieren. Alle Verhältnisse und Proportionen, alle Formen, durch die ein Bauwerk *"pulsirendes, statisches Leben"* [162] erhält, sollten einen geometrisch-konstruktiven Grundgedanken widerspiegeln, *"so dass alle Einzeltheile nur als Sprößlinge dieses Grundgedankens erscheinen und zwischen allen und nach allen Richtungen hin ein ununterbrochener harmonischer Zusammenhang besteht."* [163]

Ein einheitliches Prinzip als Voraussetzung, dann die harmonieerzeugenden architektonischen Gesetze des Parallelismus, des Tangentialismus, der Symmetrie, der Reihung und der Proportionalität (als letztlich alles ordnendes Element) und schließlich die Erfindung neuer Formen, alle basierend auf mathematischen Gesetzen – diese Elemente begründen nach Wulffs Meinung die Architektur (der Zukunft). Diese Auffassung deckt sich mit der in seinem zweiten, den Bahnhöfen gewidmeten Werk von 1881.

Entsprechend definiert er den Begriff 'Baustil': *"Ein konsequenter Baustyl ist nichts anderes als eine, ein einheitliches durch die Deckenkonstruktion gegebenes Prinzip befolgende, harmonisch geordnete Konstruktionsweise, welche ihren einzelnen Gliedern gemäss den in denselben wirkenden Kräften Maass und Form und gemäß ihrer*

---

[157] a.a.O., S. 10
[158] a.a.O.
[159] a.a.O.
[160] a.a.O., S. 11.
[161] a.a.O., S. 16.
[162] a.a.O.
[163] a.a.O.

grösseren oder geringeren Wichtigkeit eine reichere oder einfachere, der Form der Glieder harmonisch sich anschliessende Verzierung gibt." [164]

Ob beim griechischen Architrav – oder beim gotischen Kreuzgewölbebau, stets seien die Deckenkonstruktionen zu Grunde liegende Prinzipien des später durchgebildeten Stils gewesen. Zwischen Struktur- und Zierformen sollte nach Wulff eine wechselseitige geometrische Beziehung bestehen. Diese mache letztlich den Stil aus. Den Plato'schen Begriff der Natur (*"Sie operirt stets mathematisch"* [165]) überträgt Wulff auf die Architektur. Er fordert von seinen Kollegen nicht nur instinktiv, sondern bewußt stets mathematisch zu "operiren", weil es eben die Geometrie sei, die der Architektur alle Linien *"sowohl zum Ausdruck der konstruktiven Funktionen als zur Erzeugung der Zierformen, ferner alle Verhältnisse zur Proportionierung der Massen darbietet."* [166]

Wulff meinte also mit "Baustyl" eine zur harmonischen Erscheinung durchgeführte, einheitliche Konstruktionsweise. Er wehrt sich verständlicherweise gegen eine Mischung von Baustilen der Vergangenheit. [167] So kann man seine Harmonielehre als einen Versuch ansehen, aus der historistischen Sackgasse herauszuführen. Um aber den Historismus durch einen völlig neuen Baustil abzulösen, bedurfte es neben der Harmonielehre auch eines neuen Selbstverständnisses, eines neuen Bewußtseins der Baumeister. Der Einsicht nämlich, daß es weder in der Architektur noch in der Tektonik eine lebendige Form gebe, die *"nicht den Wechselwirkungen der Kräfte in dem elastisch gedachten [Bau-] Stoffe ihre Entstehung verdankt [...]."* [168]

Des weiteren sollte den neuen Architekten bewußt sein, daß *"alle Wechselwirkungen bei jeder einzelnen Stylart aus einem einheitlichen konstruktiven Grunde ihren Ausfluss nehmen müssen."* [169]

Wulffs Forderungen waren weitreichend: Einerseits würde der Architekt sich bemühen müssen, alle Verhältnisse durch ein einheitliches Proportionsgesetz zu beherrschen. Andererseits müßten auch die untergeordneten Glieder des baulichen Organismus durch entsprechende Formengebung am jeweiligen "architektonischen Leben" des Bauwerks teilnehmen. Und so verglich Wulff die Architektur mit einem Baum, *"dessen Stamm, Zweige und Blüthen aus einer einheitlichen, krystallinisch operirenden Kraft ihren Ursprung (nimmt)."* [170]

Wegen der Vielheit der Anforderungen und Funktionen sowie der speziellen Wünsche des Geldgebers sah er diese architektonischen Entfaltungsmöglichkeiten jedoch weniger beim Profanbau als beim Bau von Gotteshäusern.

Auch wenn bisher ein Bezug der Bauhaustheoretiker zu Wulff nicht festgestellt werden konnte, so muß doch festgehalten werden, daß die Wulffschen Gedanken über zweckmäßige, funktionale, harmonische Architektur, in der das Handwerk "veredelt" wird, 45 Jahre später größtenteils im Ideengut von Walter Gropius, unter anderem in

---

[164] a.a.O., S. 21.

[165] Zitiert nach: Harmonielehre, S. 23.

[166] Harmonielehre, S. 23.

[167] Vgl. a.a.O., S. 25.

[168] a.a.O., S. 30. Vgl. auch die These: "Bei der architektonischen Formbildung wird das Material vom Künstler elastisch gedacht [...]." Harmonielehre, S. 24.

[169] a.a.O., S. 30.

[170] a.a.O.

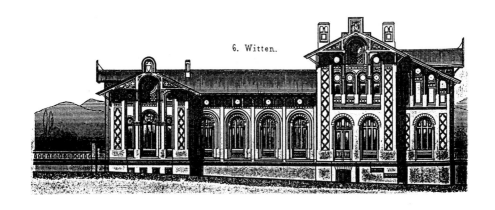

6. Witten.

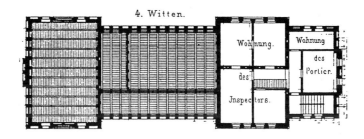

4. Witten.

Wohnung.
des
Inspectors.

Wohnung
des
Portier.

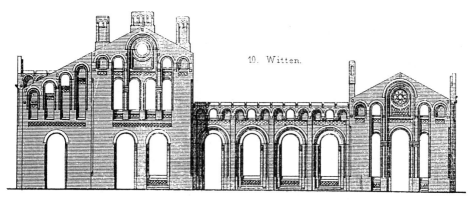

10. Witten.

Abb. 11: Der Bahnhof Witten von Eberhard Wulff. Oben: Vorderansicht. Mitte: Grundriß der 1. Etage. Unten: Gleisansicht. Aus: Wulff, Bildtafel 5, Figuren 4, 6 und 10.

seinem legendären "Manifest des Staatlichen Bauhauses in Weimar" wiederauftauchen.[171]

Welche Verbreitung Wulffs Buch 1874 fand, wer es rezensierte, erwähnte oder es benutzte, kann nicht im Rahmen dieser Arbeit geklärt werden. Sicherlich beeinflußten seine Ideen aber sein eigenes architektonisches Schaffen. Die "Harmonielehre" erschien zu einem Zeitpunkt, da er mindestens schon ein Jahr in Diensten der REG stand und bereits an den Plänen für die Hochbauten an unserer Strecke arbeitete.

Bauwerke von Eberhard Wulff

Neben der "Architektonischen Harmonielehre" ist eine weitere Veröffentlichung Wulffs von 1881 zum Bau von Bahnhöfen unter dem Titel: "Das Eisenbahn-Empfangs-Gebäude nach seinen praktischen Anforderungen und seiner künstlerischen Bedeutung" von Bedeutung. Diese ebenfalls in Vergessenheit geratene Schrift gibt Zeugnis von weiteren Wulffschen Bauwerken. Ihr Baumeister ist in Vergessenheit geraten, nicht aber die Werke selbst. Klaus Kemp[172] zeigt zahlreiche historische Fotos der Ahrtalbahn mit Wulffschen Bahnhöfen, Helmut Weingarten[173] hat eine farbige Zeichnung des Bahnhofs von Liblar gar auf die Titelseite seiner Veröffentlichung gesetzt – beide kennen jedoch den Architekten dieser von ihnen augenscheinlich geschätzten Gebäude nicht mehr. Und daß, obwohl Wulffs Abhandlung "Das Eisenbahn-Empfangs-Gebäude.." bei seinen Zeitgenossen wohl durchaus Anerkennung fand. Zumindest nennt der Brockhaus von 1892 Wulffs Schrift unter dem Stichwort "Bahnhöfe" in seinen Literaturangaben.[174] Es gilt nun, in Wort und Bild die bei Trier/Weyres zitierte Kurzbiographie Wulffs mit weiteren Werken zu erweitern.[175] Wulff verantwortete den Bau für die 'rheinischen' Bahnhofsgebäude in Rheydt (erbaut 1876, heute zu Mönchengladbach), München-Gladbach (bezeichnet "M. Gladbach", heute Mönchengladbach), Roisdorf, Longerich (heute zu Köln), Gerolstein, Hagen, Kyllburg, Speicher, Erdorf, Witten, Nentershausen, Neuss, Liblar, Grenzhausen, Montabaur, Plaidt, Kruft, Niedermendig, Ahrweiler, Neanderthal (heute zu Erkrath), Mettmann, Bodendorf und Bonn und zeichnete für die hier behandelten Barmer und Elberfelder Bahnhofsbauten der rheinischen Linie verantwortlich. Zu den nicht ausgeführten (oder nicht so ausgeführten) Arbeiten zählen die hier gezeigten Bahnhöfe von Bonn, Grenzhausen, Montabaur, Mettmann und Neanderthal. Nicht alle Empfangsgebäude hat Wulff allein entwickelt. Unter seiner Obhut wurde von Joseph Seché Ahrweiler, Neanderthal und zum Teil auch Mirke entwickelt, Baurat Julius C. Raschdorff[176] hatte für die REG das Empfangsgebäu-

[171] Vgl. Wick, Rainer: Bauhaus-Pädagogik, Köln 1982, S. 26 -29.

[172] Vgl. Kemp, Klaus: Die Ahrtalbahn, Freiburg 1983.

[173] Vgl. Weingarten, Helmut: Die Eisenbahn zwischen Rhein und Erft, Köln 1987, Titelseite sowie S. 35. Vgl. auch Meyer, Lutz-Henning: 150 Jahre Eisenbahnen im Rheinland, Köln 1989. S. 311. Im folgenden verkürzt zitiert als "Meyer/150 Jahre..." Meyer zeigt noch Photos des 1981 abgebrochenen Bahnhofs Liblar.

[174] Vgl. Brockhaus' Konversationslexikon, 14. Aufl., 2. Bd. 1892, Leipzig/Berlin/Wien, S. 295.

[175] Vgl. Trier/Weyres, S. 556.

[176] Raschdorf (1823 - 1914) war 1854 Zweiter Kölner Stadtbaumeister, 1864 Erster Stadtbaumeister, war nach 1872 nur noch als Privatarchitekt in Köln tätig. Zuletzt Geheimer Regierungsrat. Zu seinen bekanntesten Bauten zählen u.a. das Kölner Wallraf-Richartz-Museum (1855 - 1860), die Wiederherstellung und Erweiterung des Kölner Rathauses (seit 1860) sowie das Schauspielhaus Glockengasse (1870-1872). Vgl. Trier/Weyres, S. 544 f.

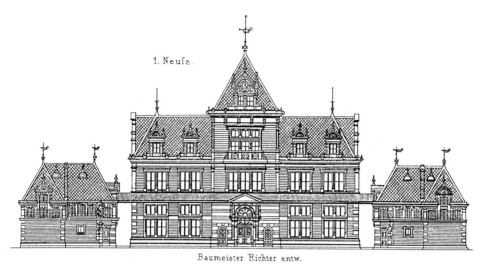

Abb. 12: Der Bahnhof Neuss, entwickelt von Wulffs Mitarbeiter Johannes Richter. Ansicht von Südwesten.

de zu Speicher geplant, der Architekt Päffchen entwickelte Bodendorf, Niedermendig und Hagen. Johannes Richter[177] war Wulffs Mitarbeiter bei der Entwicklung des Neusser Bahnhofs, Gerolstein wurde von Fritz König, der Bahnhof Kyllburg vom Architekten J. Wüst entworfen.

Das bedeutet, daß neben den Bahnhöfen Mirke und Ottenbruch folgende Empfangsgebäude zu den Werken Eberhard Wulffs gezählt werden müssen: Liblar, Rheydt, Witten, Plaidt, Mettmann, Kruft, Mönchengladbach, Nentershausen, Longerich, Roisdorf und Erdorf. Daß er auch für alle anderen 'rheinischen' Bahnhöfe des Wuppertals verantwortlich ist, ist zu vermuten.[178] Wann die genannten Bahnhöfe letztlich ausgeführt wurden, läßt sich der Quelle nicht entnehmen. In jedem Fall waren die Bauten an der Strecke Düsseldorf – Hörde (unter den hier aufgeführten sind dies die Bahnhöfe Neanderthal, Mettmann, Ottenbruch und Mirke), die 1879 ihrer Bestimmung übergeben wurden, die letzten, die Wulff schuf, so daß die Datierung vor 1873 (Planungsbeginn der Strecke Düsseldorf – Hörde) anzusetzen ist.

Eberhard Wulff bevorzugte bei den von ihm geplanten Bahnhofsprojekten den sich seit etwa 1860 entwickelnden Stil des "Malerischen Bauens". Er hielt die klassizistischen Empfangsgebäude von Longerich und Roisdorf für einfallslos und zog Gestaltungen wie bei den Bahnhöfen Neanderthal, Liblar oder Rheydt vor. Beeinflußt wurde Wulff, so vermutet Lutz-Henning Meyer, durch die Hannovrische Schule, die mit den Namen der Architekten Conrad Wilhelm Hase und Franz Ewerbeck in Verbindung gebracht werden kann.[179] Letzterer legte 1875 bei einem Wettbewerb für den Aachener

---

[177] Johannes Richter (1840 - 1898) war 1880 Eisenbahnbauinspektor, bevor er 1884 Stadtbaumeister in Aachen wurde. Werke u.a.: die Kirche St. Nikolaus in Bonn-Kessenich (1889 - 1891).Vgl. Trier/Weyres, S. 545.

[178] Einen Beleg über seine Mitarbeiter, beziehungsweise über die Bauten, die von Wulff selbst geplant wurden, findet man bei: "Wulff, Bildtafel 1 - 11, Anhang".

[179] Vgl. Meyer/150 Jahre..., S. 189. Zu Hase und Ewerbeck: Vgl.: Brönner, Wolfgang: Die Bürgerliche Villa in Deutschland 1830 - 1890, Düsseldorf 1987, S. 171ff und S. 184.

8. Hagen.

Arch. Päffchen.entw.

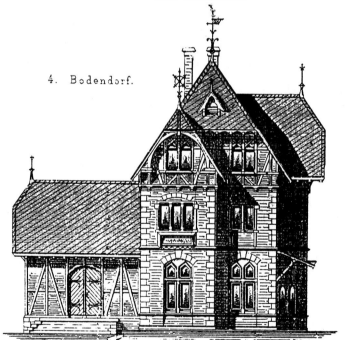

4. Bodendorf.

entw. Arch. Päffchen

Abb. 13: Die Bahnhöfe Hagen und Bodendorf, entwickelt von Wulffs Mitarbeiter Päffchen. Aus: Wulff, Bildtafel 3, Figur 8, sowie Bildtafel 6, Figur 4. Deutlich zu erkennen ist, daß der Bahnhof Hagen mit farbigem englischen Schiefer verkleidet war.

56

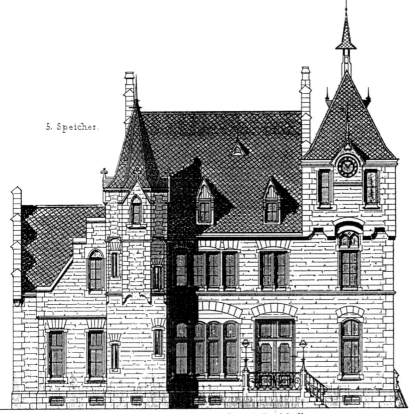

5. Speicher.

Baurath Raschdorff entw.

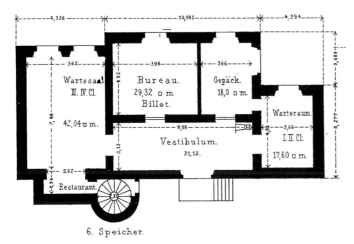

6. Speicher.

Abb. 14: Der Bahnhof Speicher, entwickelt von Baurath Raschdorff. Vorderansicht und Grundriß. Aus: Wulff, Bildtafel 7, Figuren 5 und 6.

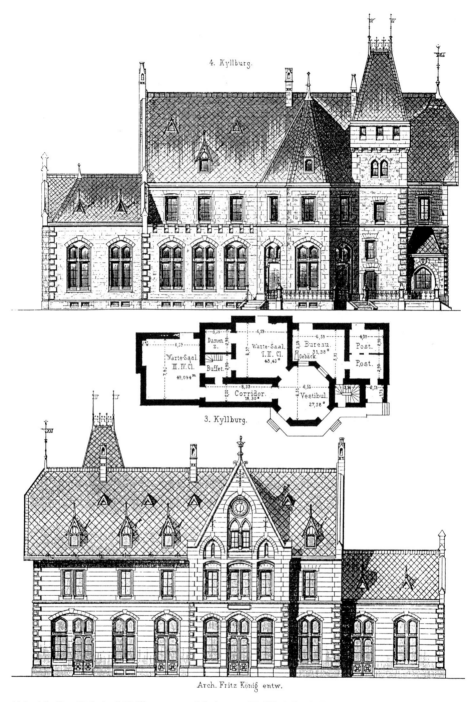

Abb. 15: Der Bahnhof Kyllburg, entwickelt von Wulffs Mitarbeiter Fritz König. Fassade, gleisseitige Ansicht und Grundriß. Aus: Wulff, Bildtafel 1, Figuren 2 bis 4. Vgl. auch Bildtafel 8, Figur 2.

Bahnhof der Aachen-Jülicher Bahn einen aufwendigen, in malerischem Stil gehaltenen Entwurf vor. Dieser Bahnhof wäre, nach Meyer, wenn er ausgeführt worden wäre, "einer der bedeutensten Vertreter des Malerischen Bauens"[180] geworden.

Meyer liegt mit seiner Vermutung richtig. Die Holzmindener Baugewerksschule, an der Wulff als Dozent vor seinem Engagement bei der REG lehrte, war stark von der Hannovrischen Schule beeinflußt. Die Protokolle des Lehrerclubs der Baugewerksschule belegen dies: 1864 werden Ewerbecks "Architektonische Reiseskizzen" in Haarmanns Zeitschrift für Bauhandwerker (dem Publikationsorgan der Schule) vorgestellt und rezensiert, 1866 hält der Architekt Jähn einen Vortrag vor den Dozenten der Schule über die Leistungen der Hannovrischen Schule, am 2. Februar 1867 referiert der Architekt Hägemann "die architektonischen Bestrebungen des letzten Decennium in Hannover" und schließt Betrachtungen über die neusten Bauwerke des Baurates Hase an. Die Zeitschrift veröffentlicht aus diesem Anlaß eine ausführliche Biographie von Conrad Wilhelm Hase und führt zahlreiche Bauwerke des Baumeisters auf.[181]

Eberhard Wulffs Wuppertaler Bauwerke waren also mit Sicherheit von der Hannovrischen Schule des Malerischen Bauens beeinflußt. Im Jahre 1881 schrieb Wulff über das Eisenbahn-Empfangs-Gebäude im allgemeinen, unter Berücksichtigung seiner Funktion und seiner künstlerischen Bedeutung. Nach Abschluß des Baus der Strecke Düsseldorf – Hörde, der letzten Aufgabe, die Wulff als "Vorsteher der Hochbau-Abteilung der Rheinischen Eisenbahn" ausführte, wurden auch die letzten Strecken der Rheinischen Eisenbahn verstaatlicht. Da der preußische Staat nicht nur die Schienenwege, sondern auch das Personal der ehemaligen Aktiengesellschaft übernahm, wurde Eberhard Wulff 1880 Regierungsbaumeister. Aus dieser relativ gesicherten Position behandelte er nun "das der Kritik der ganzen Welt am meisten ausgesetzte Gebäude"[182], den Bahnhof. Das Motto, das er seiner Schrift voranstellt und das er am Neusser Empfangsgebäude verewigt hatte, zeugt von Witz und Humor, mit dem er gelegentlich seine Abhandlung würzt:

"Wer will bauen an Strassen und Gassen
Die Herren der Stadt muß reden lassen.
Wer an die Eisenbahn Häuser stellt
muss reden lassen die ganze Welt."[183]

Wulffs Prinzipien zum Bau eines Empfangsgebäudes

Eberhard Wulffs Schrift legt Zeugnis ab vom Hochbauwesen der Eisenbahn seiner Zeit. Wulff beschreibt die praktischen wie ästhetischen Grundsätze zur Planung und Gestaltung von Bahnhöfen im allgemeinen und die Projekte, auf die diese ästhetischen Grundsätze angewandt wurden bzw. werden sollten.

---

[180] Meyer/150Jahre..., S. 191. Vgl. S. 312.
[181] Vgl. Auszug der Protokolle des Lehrervereins "Kunstclub" an der Baugewerkschule zu Holzminden während des Wintersemesters 1866/67. In: Haarmanns Zeitschrift für Bauhandwerker, 8. Jg., Anlage zum Octoberheft, 1867, S. 11 und 15-19.
[182] Wulff, Vorrede, S. 1. Vgl. auch Titelseite
[183] a.a.O.

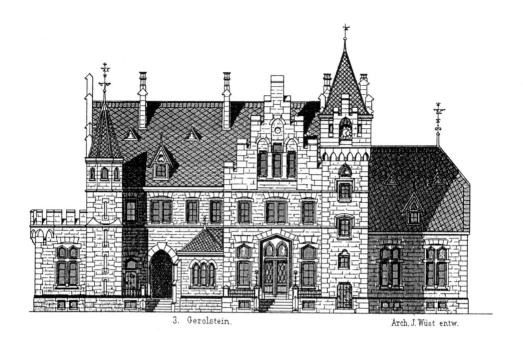

3. Gerolstein.   Arch. J. Wüst entw.

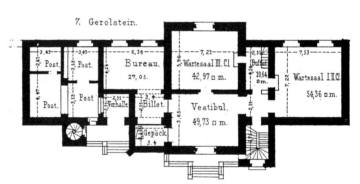

Abb. 16: Der Bahnhof Gerolstein, entwickelt von Wulffs Mitarbeiter J. Wüst. Fassade und Grundriß. Aus: Wulff, Bildtafel 3, Figuren 3 und 7.

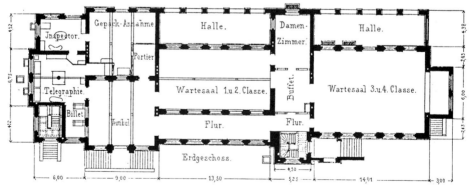

Abb. 17: Grundriß des Erdgeschosses, Bhf. M. Gladbach. Aus: Wulff, Bildtafel 9, Figur 3

60

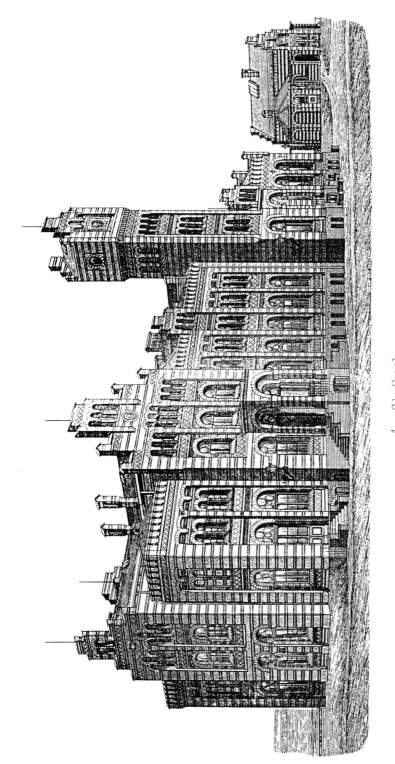

1. Gladbach.

Abb. 18: Der Bahnhof M(ünchen) Gladbach (heute Mönchengladbach) von Eberhard Wulff. Vorderansicht Aus: Wulff, Bildtafel 9, Figur 1.

Bereits im ersten Kapitel offenbart Wulff eine Grundeinstellung, die ihm später nicht nur das Lob des bekannten Stadtplaners Josef Stübben[184] einbrachte. Gemäß seiner architektonischen Harmonielehre sucht Wulff den Einklang zwischen dem Gebäude, das es zu errichten galt und der Landschaft, in das es passen sollte. Wulffs Paradebeispiel ist die Eifellinie Kall – Trier, deren Bahnhöfe aus rotem Sandstein sich nach seiner Meinung in die *"wild-romantischen, stillen Thäler"* bestens einfügten. Diese Bahnhöfe wurden aus dem *"nächst liegenden Material"* gebaut, das heißt mit Steinen aus trassennahen Brüchen, die die Rheinische Eisenbahngesellschaft gepachtet oder gekauft hatte. Selbstredend unterschieden sich alle Empfangsgebäude umso mehr, je länger die Strecke und je vielfältiger die Geologie der Landschaft wurde. Sie alle seien stets lebendiger als die *"nach Schablone gebauten, [...] glatt verputzten und in Oel gestrichenen Empfangsgebäude"*[185], die die REG beispielsweise entlang des Rheines errichtet hatte. Die Beispiele der unter seiner Leitung erbauten Stationsgebäude Gerolstein[186] und Kyllburg dokumentieren Wulffs Ideale am besten.

An seinen Bauten könne man einen Staat erkennen, schrieb Wulff. Nur wenn der Staat seinen Baumeistern und Architekten auch künstlerische Freiheiten gewähre, seien seine Ausgaben für Bauschulen und Stipendien sinnvoll. Als Architekt in Staatsdiensten schien Wulff diese Freiheiten zu vermissen. Als eine der wichtigsten zeitgenössischen Bauaufgaben sah er die Bahnhofsarchitektur an: *"Nun gibt es aber keine Bauten, die geeigneter wären, die Architektur und das Kunsthandwerk [...] in mustergültigen Beispielen vor Augen zu führen und die Kräfte des Handwerks so umfassend heranzuziehen und zu veredeln, als gerade die Hochbauten der Eisenbahn, die vor Aller Augen an Knotenpunkten des gesamten Verkehrslebens aufgestellt, zur Kritik und [...] zur Nachahmung geradezu gewaltsam herausfordern."*[187]

Für den Baumeister hatte die Forderung nach organisch durchgebildeten Bauten eine wichtige Konsequenz. Das Bauwerk sei *"je nach den gegebenen, fast bei jeder Station wechselnden Anforderungen mit den [am] nächste[n] liegenden Mitteln [...]"*[188] auszuführen.

Die Ende des 19. Jahrhunderts häufig vom Staat vorgegebenen Schablonen für Bahnhofsbauten, die den Charakter der Gegend, in der sie standen, oder die baugeschichtlichen Beziehungen zu ihrem Ort außer acht ließen, lehnte er im Namen der Baukunst ab. Die neuen Bahnhöfe würden nur mit ihrem Standort verwachsen, wenn auch das Baumaterial charakteristisch für jene Gegend sei: *"Was nutzt der grossartige Apparat, den der Staat zur Hebung der Baukunst mit unsäglichen Kosten eingerichtet hat, wenn er die naturgemässsten Grundlagen des architektonischen Schaffens gerade*

---

[184] Vgl. Von Berlin nach Brüssel..., S. 195 f.

[185] Wulff, S. 1. Vgl. auch S. 2.

[186] Die Zerstörung des Bahnhofs Gerolstein am 2. Januar 1945 hing mit der "Rundstedt-Offensive" in den letzten Tagen des Zweiten Weltkriegs zusammen, die im Dezember 1944 begonnen wurde. In dieser Zeit wurden schwerste Fliegerangriffe auf alle bedeutenden Bahnanlagen, Bahnhöfe, Werkstätten und Brücken geflogen. Die Bahnhöfe Trier, Ehrang und Gerolstein waren neben anderen Nachschubbahnhöfen Hauptangriffsziele. Vgl. Zimmer, Gerhard: 100 Jahre Eisenbahn Gerolstein – Trier, hrsg. v.d. Eisenbahndirektion Saarbrücken 1971, S. 11 - 21. (Fundort: Verbandsgemeindeverwaltung/Stadtarchiv Gerolstein). Vgl. auch Geisler, Hans-Günter (Hrsg.): Gerolstein. Schriftenreihe Ortschroniken des Trierer Landes, Bd. 19, Gerolstein 1986, S. 110 und S. 283 - 291.

[187] Wulff, S. 3.

[188] a.a.O.

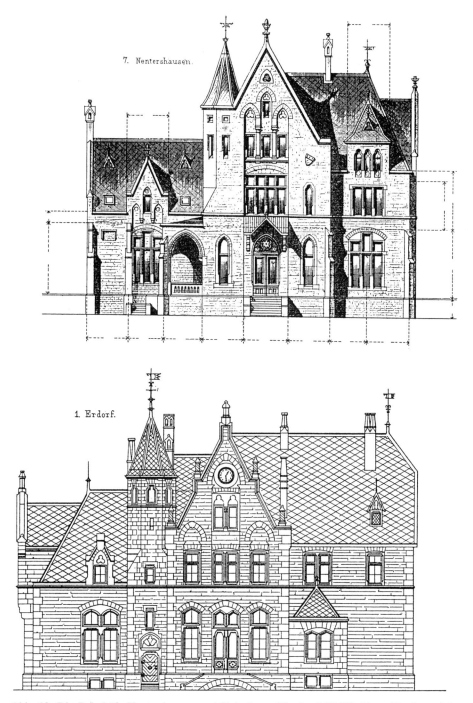

Abb. 19: Die Bahnhöfe Nentershausen und Erdorf von Eberhard Wulff. Oben: Vorderansicht Nentershausen. Unten: Vorderansicht Erdorf. Aus: Wulff, Bildtafel 1, Figur 7 und Bildtafel 11, Figur 1.

da verleugnen wollte, wo er, gleichsam wie die Mutter Erde mit unzähligen Brüsten versehen, die gesamte Nation mit der unverfälschten Milch echten Kunstlebens zu nähren verpflichtet wäre?! [...] Hier ist die wahre Werkstätte der Kunst, die Fortbildungsschule des Volkes, die sich durch keine Akademie und ebenso wenig durch einzelne Prachtbauten der Hauptstädte ersetzen läßt. Würde der Staat nicht dem Pharisäer gleichen, nach dessen Worten, nicht aber nach dessen Werken man sich zu richten hat, wenn er zwar schöne Phrasen [...] im Munde führt, durch seine speciellen Vertreter aber nicht nur 'billig und schlecht', sondern sogar 'teuer und schlecht' und nebenbei auch hässlich bauen lassen wollte."[189]

Mit seinem pathetischen Appell spielt Wulff auf eine Auseinandersetzung im preußischen Abgeordnetenhaus an,[190] bei der Stimmen laut wurden, die einerseits monumentale Repräsentationsbauten forderten, andererseits aber die Verteuerung des Hochbauwesens der Eisenbahn beklagten.

Die Eisenbahn und ihre Architektur war für Wulff mehr als eine Bauaufgabe unter anderen, vielmehr *"eines der wichtigsten Mittel für die Kulturbestrebungen der Menschheit"*.[191] Daher wollte er sein architektonisches Talent in den Dienst dieser Aufgabe des Jahrhunderts stellen und wehrte sich gegen unsachgemäße Kritik. Deshalb kämpfte er gegen jene von den Bürokraten auferlegte Schablone, die den *"Eisenbahnstyl zum Gespötte der Welt"*[192] machte. Daher forderte er, daß ein Baumeister sich bei seinen Eisenbahnbauten an seine Eigenschaft als Künstler erinnerte,[193] kritisierte er den viel zu umfassenden staatlichen Studiengang des Baumeisters, verlangte er eine Trennung von Architektur-, Ingenieur- und Verwaltungswesen bei dieser Ausbildung und wetterte giftig-ironisch gegen die Übermacht der *"Prosaiker und Materialisten des Eisenbahnwesens"*[194], die aus Profitgier Provisorien den durchgebildeten Bauten vorzögen.[195]

Entgegen einer Idee des preußischen Parlamentariers Peter Franz Reichensperger (1810 - 1892) von 1879, der im preußischen Abgeordnetenhaus, um den Einfallsreichtum im Rahmen des Bauwesens zu steigern, vorschlug, Architekturexamina gänzlich abzuschaffen, verlangte Wulff eine gründliche Reform der Prüfungen und der fachwissenschaftlichen Ausbildung. Der Staat sollte darauf verzichten, aus seinen Baumeistern Verwaltungsbeamte zu machen und sie damit zu "Mädchen für Alles" auszubilden. Er könne seine Baumeister gegenüber den Privatarchitekten nur dann konkurrenzfähig machen, wenn er ihnen *"die Arme freimacht"*.[196]

1881 wurde die Trennung von Hochbau- und Ingenieurwesen an den staatlichen Bauakademien tatsächlich obligatorisch. Auch das Problem des Verhältnisses zwischen Architekten und Ingenieuren wurde schon von Wulff aufgegriffen.[197] Er schlug vor, daß Architekt und Ingenieur gemeinsam mit einem juristisch ausgebildeten Ver-

---

[189] a.a.O.
[190] Vgl. a.a.O., Vorrede.
[191] a.a.O., S. 5.
[192] a.a.O., S. 4.
[193] Vgl. a.a.O., S. 3.
[194] a.a.O., S. 6.
[195] Vgl. a.a.O., S. 3-5.
[196] a.a.O., S. 8.
[197] Eine Trennung dieser beiden Berufszweige forderte übrigens schon 1875 das Notizblatt des Architekten- und Ingenieurvereins d. Niederrhein u. Westfalen.

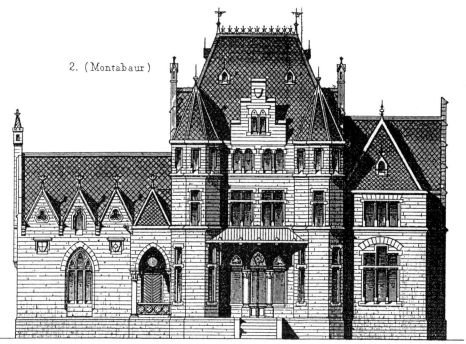

2. (Montabaur)

Abb. 20: Der Bahnhof Montabaur. Eine Variante von Eberhard Wulff, die so nicht ausgeführt wurde. Oben: Vorderansicht. Aus: Wulff, Bildtafel 11, Figur 2.

waltungsbeamten gleichberechtigt die zu lösenden Aufgaben bearbeiten sollten. Die bis dahin übliche übergeordnete Stellung des Architekten gegenüber dem Ingenieur mißbilligte er, warnte aber zugleich vor der Einmischung des Technikers in architektonische Detailprobleme.[198] Daß Wulff auch eine Reform des Bildungswesens der juristischen Verwaltungsbeamten forderte, gehört zur Bau- und Planungsgeschichte der Strecke Düsseldorf – Hörde.

Bei Wulff heißt es: *"Bei dieser Gelegenheit führe ich als abschreckendes Beispiel für meine juristisch angehauchten Collegen die Grunderwerbung der früheren Rheinischen Bahn längs der aneinander gebauten Städte Elberfeld und Barmen an, einer circa 7 Kilometer langen Strecke [...]. Hier waren, nachdem die betreffende Linie bereits seit einem Jahre eröffnet worden war, noch ungefähr hundert Processe zu erledigen, die zur Hälfte von der Eisenbahnverwaltung, zur Hälfte von den Grundeigenthümern angestrengt worden waren."*[199] Auch wenn sich die Baumeister von Bahnhöfen seit Anfang des 19. Jahrhunderts mit Plänen eines völlig neuartigen Gebäudetyps befassen mußten, auch wenn sie auf diesem Gebiet Pionierarbeit leisteten, hielt Wulff 1881 die Entwicklung eines speziellen Eisenbahnbaustils, der *"klar und rein die philosophisch-kosmopolitische Bedeutung des Eisenbahnwesens zum Ausdruck brächte"*[200] für nicht angebracht. Seine Auffassung von Architektur, die er in seiner Harmonielehre bereits zum

---

[198] Vgl. Wulff, S. 9 f.
[199] a.a.O., S. 11 f.
[200] a.a.O., S. 16.

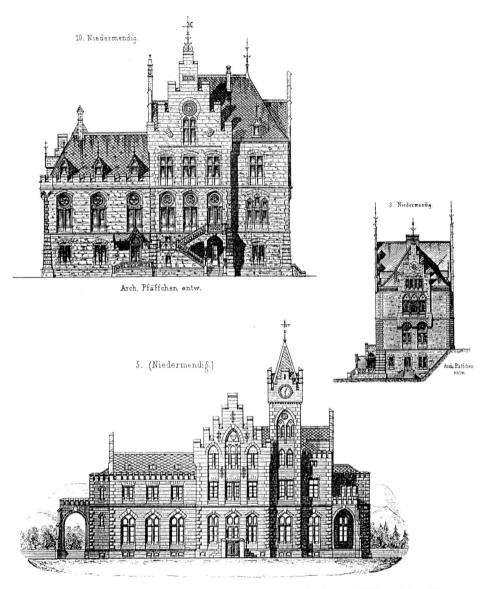

10. Niedermendig.

Arch. Pfäffchen entw.

3. Niedermendig.

Arch. Pfäffchen entw.

5. (Niedermendig.)

Abb. 21: Der Bahnhof Niedermendig, entwickelt von Wulffs Mitarbeiter Päffchen. Oben: Vorderansicht. Mitte: Seitenansicht. Unten: Nicht ausgeführte Variante, noch mit Uhrenturm. Aus: Wulff, Bildtafel 8, Figuren 3, 5 und 10.

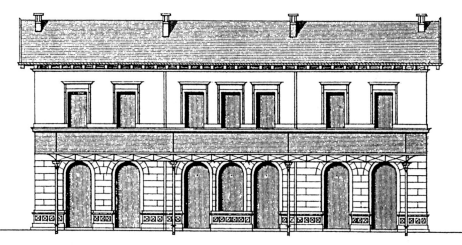

Abb. 22: Die Bahnhöfe Longerich und Roisdorf. Diese Bauten, die Eberhard Wulff für die REG bauen mußte, gefielen dem Baumeister selbst nicht. Es seien langweilige Schablonenbauten, kritisierte er. Aus: Wulff, Bildtafel 6, Figur 7.

Ausdruck gebracht und 1881 in seiner Schrift zum Bahnhofsgebäude vertieft hatte, ließ diesen Gedanken nicht zu.

Auf der Grundlage, daß sämtliche Teile eines Bauwerks untereinander und im Verhältnis zum Ganzen in harmonischer Beziehung stehen sollten[201], zusammengehalten durch ein *"mathematisches Band"*[202], hielt Wulff an dem Gedanken fest, daß ein vollkommenes Bauwerk ein aus seinem Zwecke und seiner Funktion entwickelter "Bauorganismus" sein müsse: *"Die mathemathische Gesetzmäßigkeit tritt als ordnendes Prinzip einestheils dessen auf, was wir Baustyl nennen, dessen Einzelformen aus den statischen Wechselbeziehungen der in der Construction wirkenden Kräfte resultiren, anderntheils dessen, was als Bauorganismus bezeichnet wird, der sich aus dem Zwecke des Bauwerks entwickelt.*[203] Ein sich aus seiner Funktion entwickelnder Bauorganismus verleihe seinen einzelnen Bauelementen wiederum je nach ihrem Zweck nicht nur Form und "Maass", sondern auch nach ihrer Wichtigkeit größeren oder geringeren Schmuck.[204] Zugleich sollten aber alle Bauelemente so ausgewogen sein, daß *"sie dem Gesammtwerke als dienende Glieder [sich] unterordnen; dass [...] das Bauwerk einen umso lebendigeren und schöneren Eindruck macht, je complicierter sein Organismus und je einheitlicher und feiner dieser sowohl bezüglich der Gruppirung des Ganzen wie der Stylisierung des Details durchgeführt ist."*[205]

Daß sich Wulffs Grundsätze nicht mit jenen verputzten Schablonenbauten (kastenartig mit Satteldach) am Rhein deckten, wurde bereits angedeutet. Diese seien nicht nur

---

[201] Vgl. S. 45 ff. dieser Arbeit über Wulffs Harmonielehre.
[202] Wulff, S. 13.
[203] a.a.O.
[204] Vgl. a.a.O.
[205] a.a.O.

langweilig, sondern auch stets reparaturbedürftig und letztlich teurer gewesen, weil ihre Baumaterialien für Rohbau wie Schmuck nicht vor Ort gesucht wurden. Wulffs organische, durchgebildete Bauten sollten keiner kostspieligen Materialien bedürfen. Sie durften, ohne ihren Charakter einzubüßen, *"in der stylistischen Durchführung des Details auf der Stufe der höchsten Einfachheit stehen bleiben."*[206] Hier kehrt ein wichtiges Prinzip Wulffs wieder: Das Material für Rohbau und Ornament sollte stets aus der Gegend stammen, in die das jeweilige Gebäude passen sollte. Somit entfallen teure Materialtransporte, und die Landschaft muß keinen "Fremdkörper ertragen".

Weitere Kostenersparnis glaubte der Baumeister dadurch zu erzielen, daß sich seine Bauten *"von innen heraus entwickeln, [sich] allen speciellen Bedürfnissen und Einzelzwecken in naturgemäßer Weise anschmiegen können [...]."*[207] Indem Wulff den Organismus eines Bauwerks aus seiner Funktion und den Baustil aus der sich dadurch entwickelnden Konstruktion ableitete, glaubte er sich von den Anhängern der Theorien Gottfried Sempers[208] abzugrenzen. Diese erwarteten, so glaubte Wulff, die Entwicklung eines "Eisenbahnbaustyls". *"Es sind das dieselben Symboliker, welche u.A. im Horizontalismus des griechischen Tempels das 'irdische Genügen' und im 'extremen' Verticalismus des gothischen Domes den 'sehnsüchtig nach dem Jenseits ringenden Geist des Mittelalters' als 'schroffe Gegensätze' so 'klar und rein' ausgesprochen finden, daß sie sich des Beweises der Wahrheit gänzlich enthoben glauben, die ferner nach dem einzig richtigen Baustyl des protestantischen Gotteshauses fahnden, welcher die protestantische Auffassung der Kirche Christi zum klaren Ausdruck bringen soll; die endlich in der Baukunst 'die versteinerte Weltgeschichte' [...] erblicken etc. Diese Symboliker werden die [...] Äußerungen, welche aus dem Zwecke des Bauwerks dessen Organismus und aus den in der Construction wirkenden Kräften des Styl desselben ableiten, mit Dr. Semper 'grob-materialistisch' finden."*[209] Niemals aber, so hielt der Ingenieur und Architekt Wulff diesen entgegen, hätte *"ideale Begeisterung für irgend ein religiöses, philosophisches oder kosmopolitisches System [...] die Style an sich erzeugt."*[210]

Enthusiasmus sei nur die unumgängliche notwendige Grundlage gewesen, auf der sich Konstruktionen zu Baustilen und Bauten zu Organismen hätten entwickeln können. Die Auffassung, daß Baukunst versteinerte Weltgeschichte darstelle, also eine symbolische Verkörperung der herrschenden, staatlichen und sozialen Verhältnisse sein müsse, konnte Wulff nicht teilen.[211] Er idealisierte statt dessen die neuen, von den Ingenieuren entworfenen Baukonstruktionen, besonders die aus Eisen, die für ihn zukunftsweisend waren. Semper habe diese nur als *"Gerüste für seine Symbole"*[212] benutzt, sie nach Wulff verleugnet oder maskiert. *"Wir können daher von der allgemeinen Begeisterung für alles Schöne und Gute wohl die Verschönerung der Eisenbahn-*

---

[206] a.a.O., S. 14

[207] a.a.O., S. 15. Alle von Wulff formulierten Prinzipien decken sich mit den Anschauungen der Hannovrischen Schule des Malerischen Bauens.

[208] Vgl. Semper, Hans u. Semper, Manfred (Hrsg.): Semper, Gottfried. Kleine Schriften, Berlin/Stuttgart 1884.

[209] Wulff, S. 15.

[210] a.a.O.

[211] Sempers sarkastische Äußerung, es werde eines Tages <u>nur</u> von ihrer Funktion bestimmte Gebäude geben und man werde ihren Baustil "bestellen" können, sich also beispielsweise einen "Posthof à la Pompeji" bauen lassen, sollte sich bewahrheiten. Vgl. Herrmann, 2. Teil, S. 29 ff.

[212] Wulff, S. 16.

Hochbauten, speciell die Durchbildung des ihnen eigenthümlichen Organismus und der vorwiegend bei ihnen zur Verwendung kommenden Constructionen, z.B., derjenigen aus Eisen erwarten, unmöglich aber einen separaten, nur für die Eisenbahnbauten passenden Styl."[213]

Es scheint mir, als sei diese bewußte Abgrenzung gegenüber Semper nicht gründlich genug durchdacht, spielten doch auch die Begriffe der Funktion und des Zwecks in Sempers architektonischem Denken eine nicht unwesentliche Rolle. Heinz Quitzschs Ausführungen zur Rolle von Zweck, Material und Technik in Sempers Anschauungen[214] machen deutlich, daß der Begriff 'Zweck' für Semper technische Funktion oder Aufgabe meinte.[21] Selbst einem symbolischen Zweck, so betonte Semper immer wieder, sei letztlich ein wirklicher, materieller Zweck vorausgegangen, der aber in Vergessenheit geraten sei. So blieb das Bauwerk zuletzt doch das "*Resultat des materiellen Dienstes oder Gebrauchs, der bezweckt wird.*"[216]

Eberhard Wulff hat die Rolle seines Zeitgenossen Semper in der Architekturgeschichte sicherlich nicht ganz richtig gedeutet. Verständlich wird die Wulffsche Kritik, betrachtet man Sempers (wenn auch nicht ausgeführte) Pläne zum Züricher Nordostbahnhof, die um 1860/61 anläßlich eines Architektenwettbewerbs entstanden.[217] Für Semper war es damals selbstverständlich, auch bei dieser Bauaufgabe nach Lösungen zu suchen, die er "*an gewissen Werken des römischen Nutzbaues*",[218] besonders an Basiliken und Bädern der Kaiserzeit, fand. Semper schrieb dazu am 2. Mai 1861 an die Direktion der Nordostgesellschaft in Zürich: "*In der That, wenn irgend eine Moderne Aufgabe der Baukunst den Baugrundsätzen der Römer entspricht, so ist es die vorliegende eines Bahnhofs, weshalb der Architekt keine Bedenken trägt, sie für diesen Fall sich anzueignen, weil sie eben die wahren und dem gegebenen Vorwurfe allein entsprechenden sind. Dabei fürchtet er [angesprochen ist der Architekt, also Semper, d. Verf.] nicht den Vorwurf des Mangels an Originalität, denn wollte jemand in seiner Komposition eine Nachahmung erkennen, so wird er ihn auffordern, ihm den Römerbau zu bezeichnen, der in anderer als prinzipieller Beziehung dem vorliegenden Entwurf zusammenträfe [...].*"[219]

---

[213] a.a.O.

[214] Vgl. Quitzsch, Heinz: Die ästhetischen Anschauungen Gottfried Sempers, Berlin 1962, S. 56 - 64. Im folgenden verkürzt zitiert als "Quitzsch".

[215] Vgl. a.a.O., S. 54.

[216] Semper, Gottfried: Der Stil in den technischen und tektonischen Künsten oder praktische Ästhetik, Bd. 1, Frankfurt a.M. 1860, Bd. II München 1863, 2. Aufl. München 1878, hier: Bd. 1, S. 8.

[217] Vgl. Fröhlich, Martin (Hrsg.): Gottfried Semper. 1803 - 1879. Baumeister zwischen Revolution und Historismus. Katalog zur Ausstellung "Gottfried Semper zum 100. Todestag" (Dresden 1979), München 1980, S. 306 f. Im folgenden verkürzt zitiert als "Fröhlich".

[218] Zitiert nach Fröhlich, S. 306.

[219] Brief Sempers an die Züricher Nordostbahn, zitiert nach Fröhlich, Martin (Hrsg.): Gottfried Semper. Zeichnerischer Nachlaß an der ETH Zürich. Ein kritischer Katalog von M.F., Basel/Stuttgart 1974, S. 118.
Wulff wandte sich gegen Semper, weil er in ihm einen "Nachahmer" historischer Stile sah. Er nannte ihn Symboliker, weil er bewußt diesen oder jenen Baustil wählte, um damit eine Aussage in Bezug auf das Bauwerk zu machen. Der von Semper gewählte Baustil sollte folglich Symbolkraft haben. Gleichzeitig – und hier berührten sich Wulff und Semper – ging Semper auch auf den Begriff Zweck und Funktion des zu erstellenden Baukörpers aus.

7. ZUR PLANUNGS- UND BAUGESCHICHTE VON WUPPERTALS "RHEINISCHEN" BAHNHÖFEN

Eberhard Wulff betont es mehrfach: die Planungs- und Baugeschichte der "rheinischen" Bahnhöfe und Stationen an den Hängen des Wuppertals sei für ihn eine "Leidensgeschichte" gewesen.[220] In den Anfängen der Planung war für die Rheinische Eisenbahngesellschaft das Projekt durch das Wuppertal durchaus ein Prestigeobjekt. Das läßt sich auch aus einem Brief Eberhard Wulffs an den Kölner Baurat Alexander Menne, der letztlich für diese Strecke und die dazugehörigen Hochbauten der REG verantwortlich zeichnete, entnehmen. Wulff schreibt u.a.: *"[Ich] gebe mich immer noch der Hoffnung hin, daß die Rhein. Eisenbahn für diesen zweitwichtigsten Streckenbau und wahrscheinlich lukrativsten aller ihrer Stationsgebäude einige Repräsentationskosten zu bewilligen nicht anstehen wird."*[221] Daß es sich hier um ein Prestigeobjekt handelte, läßt sich auch daran ablesen, daß die REG die bereits existierende Parallelstrecke der heimischen Konkurrenz, der Bergisch-Märkischen Eisenbahngesellschaft, ebenso wenig schreckte, wie die schwierigen Terrainverhältnisse. Die neue Strecke führte entlang der Berghänge des Wuppertals, was den kostenträchtigen Bau einer großen Anzahl von Viadukten und Tunnel nach sich zog. Die Strecke von Düsseldorf-Derendorf bis Wichlinghausen mußte durch das Gestein des Massenkalks an den Nordhängen des Tals gesprengt werden.

Die Taleinschnitte zwischen den Kalkplateaus wurden durch steinerne Viadukte überbrückt; teilweise läuft die Strecke heute noch zwischen steilen Felswänden oder, wo die Berge zu hoch waren, durch Tunnel.[222] Auch die neuen Zufuhrstraßen zu den Bahnhöfen schraubten durch die Steigungsverhältnisse die Kosten in die Höhe. Aber die Rheinische Bahn mußte wohl in der mächtigen Handelsstadt Elberfeld durch ein besonders attraktives Angebot wieder gut machen, was durch den Streit um das Rhein-Weser-Projekt verlorengegangen war.[223]

Der Bau dieser Strecke verdeutlichte aber nicht nur den Ehrgeiz der REG, ihren Ruf an der Wupper wieder aufzubessern, sondern auch ihr energisches Ausdehnungsbestreben. Vielleicht war es gerade die Hast, mit der der Eisenbahnbau vorangetrieben wurde, die den hier behandelten Bahnhöfen eine überaus wechselhafte und daher sehr interessante Planungs- und Baugeschichte beschert hat.

---

[220] Vgl. Wulff, S. 47.

[221] Hauptstaatsarchiv Düsseldorf-Kalkum: Akte Nr. BR 1003 Nr. 594, bezeichnet: "Mirke 1875 - 1884", Nr. d. Schriftstücks: 6, Briefwechsel Menne/Wulff, Februar 1876. Im folgenden wird das Hauptstaatsarchiv Düsseldorf-Kalkum verkürzt zitiert als "HSTAD(K)".
Die oben angegebene Quelle wird verkürzt zitiert als "Akte Nr. 594".

[222] Vgl. Metschies, Michael (Hrsg.): Wuppertal wiederentdeckt. Zehn Jahre danach. Denkmalschutz, Denkmalpflege, Stadtgestalt. Wuppertal 1986, S. 34. Im folgenden verkürzt zitiert als "Metschies".

[223] Vgl. Hilger, S. 130 - 140.

Mirke – Ein gigantisches Bahnhofshotel nach Londoner Vorbild?

Die Planungs- und Baugeschichte wird zeigen, daß nicht nur die Frage nach der Denkmalwürdigkeit der Bahnhöfe Mirke und Ottenbruch in unserem Jahrhundert zu Auseinandersetzungen führte, – kurioserweise berichtet auch der Baumeister jener Denkmale schon über *"Kämpfe"*[224], die er vor über 110 Jahren dieser Bauten wegen bei der REG geführt hatte: *"Ich bin in denselben [gemeint sind die Kämpfe, d. Verf.] unterlegen und zwar meines Erachtens zum nicht geringen Schaden der Bahn"*,[225] schrieb Eberhard Wulff 1881 selbstbewußt.

Um 1870, als die Rheinische Eisenbahngesellschaft gesunde finanzielle Verhältnisse aufweisen konnte, nahm die Idee, eine Konkurrenzstrecke zur bergisch-märkischen Linie zwischen Düsseldorf und Hörde zu bauen, konkrete Formen an. Am 9. Juni 1873 wurde der Streckenbau durch den preußischen Staat genehmigt. Bis Hagen sollte die Strecke nahezu parallel zur Linie der Bergisch Märkischen Eisenbahngesellschaft verlaufen, ab Hagen wählte man später den direkten Weg über Hörde nach Dortmund.[226] Mit Einwilligung der REG wurden durch Wulff und seine Mitarbeiter für alle wichtigeren Stationen, die in Elberfeld und Barmen stehen sollten – nämlich Ottenbruch, Mirke, Unter-, Mittel- und Oberbarmen – *"monumentale, die Kosten nicht eben besonders berücksichtigende Hochbauprojecte aufgestellt (...)."*[227]

Mirke sollte dabei nicht nur Hauptbahnhof werden, man wollte mit einem eigenen Bahnhofshotel sogar den bergisch-märkischen Bahnhof Döppersberg übertreffen. 1875 nach Bekanntwerden dieser Ideen, schlugen Elberfelder Bürger brieflich der REG vor, einen Bahnhof am Mirker Hain zu bauen. Ob ältere Briefe dieser Art existieren, ist nicht mehr zu ermitteln.[228]

Ein Jahr später hatte Eberhard Wulff bereits konkrete Pläne. Nach dem Vorbild des Londoner Eisenbahnhotels der South Eastern Railway sollte das Mirker Empfangsgebäude zugleich Hotel sein, zumal in Elberfeld weder ein Bahnhofshotel, nach andere große, komfortable Hotels existierten. Am 7. Februar 1876 beschrieb Wulff dem Kölner Baurat Alexander Menne, der für die Strecke und die dazugehörigen Hochbauten zuständig war, seine Pläne: *"[...] für das Projekt zu dem "Empfangsgebäude zugleich Hotel" auf dem Hauptbahnhof zu Elberfeld, das ich in 14 Tagen vorlegen werde, glaube ich eine gute Lösung gefunden zu haben. Zur Bestimmung der Größe des Betriebs [...] geben die [...] beobachteten Verkehrsverhältnisse des Hauptbahnhofs der Berg.-Märkischen Bahn die letzten Anhaltspunkte [...], so gewählt, daß das Gebäude für die ersten 15 - 20 Jahre jedenfalls genügen wird. Für die weiteren Ausdehnungen sowohl der Eisenbahn wie des Hotelbetriebs ist die Vergrößerung in einfachster Weise*

---

[224] Wulff, S. 42.

[225] a.a.O.

[226] Vgl. Maedel, Karl Ernst: Das Eisenbahnjahrhundert, Stuttgart 1973, S. 108. Im folgenden verkürzt zitiert als "Maedel".

[227] Wulff, S. 42. Weil auch die Konkurrenz, die BME, ihre Bahnhöfe Unter-, Mittel- und Oberbarmen nannte, veränderte der Volksmund die Bahnhofsnamen: Unterbarmen wurde zu Loh, Mittelbarmen zu Heubruch und Oberbarmen zu Wichlinghausen.

[228] Vgl. HSTAD(K), Akte Nr. 594, Schriftstück Nr. 4495.

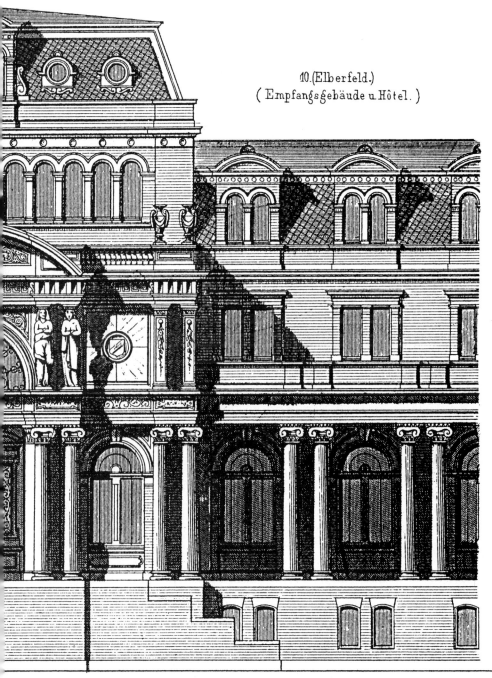

10.(Elberfeld.)
(Empfangsgebäude u. Hôtel.)

Abb. 23: Wulffs erster Entwurf des Mirker Bahnhofes – ein Empfangsgebäude mit integriertem Bahnhofshotel. Dieses Gebäude sollte durch seine Pracht den bergisch-märkischen Bahnhof Döppersberg übertreffen und damit zum eigentlichen Hauptbahnhof Elberfelds werden. Aus: Wulff, Bildtafel 3, Figur 10.

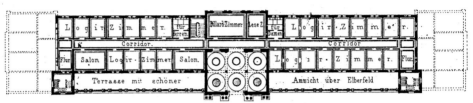

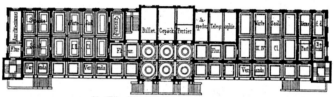

Abb. 24: Grundrisse des zunächst geplanten Bahnhofs mit eingebundenem Hotel. Unten: Erdgeschoß, Mitte: 1. Etage, Oben: 2. Etage. Merkwürdigerweise nutzte Wulff für den Erdgeschoßgrundriß einen anderen Maßstab. Eberhard Wulff hat diesen Grundrissen weder eine Nordung noch einen genauen Maßstab beigegeben. Die hier gezeigten Grundrisse sollten lediglich allgemeine Prinzipien beim Bau von Empfangsgebäuden veranschaulichen. Daß Wulff seiner Leserschaft im gesamten deutschsprachigen Raum ausgerechnet die Wuppertaler Objekte als Beispiele vorführte, ist sicher kein Zufall. Aus: Wulff, Bildtafel 5, Figuren 7, 11 und 12.

vorgesehen. *Der Entwurf ist als symmetrischer Ziegelrohbau in einfachem Renaissancestyl gedacht. Nur der Mittelbau nach der Stadtseite [...] ist reich stylisiert und dürfte [...] dem Charakter des Bauwerks, das sich als erstes, zugleich zweckmäßig und schön gelegenes Hotel der Stadt Elberfeld präsentieren soll, entsprechend sein."*[229]

Wulff hatte 65 Logierzimmer vorgesehen, zuzüglich der sonst erforderlichen Räume. Ähnlich wie beim Aachener rheinischen Bahnhof legte er die Hallen zur Vergrößerung der Warteräume auf die Stadtseite und verband sie mit diversen Veranden. Die auf der anderen Talseite liegenden bergisch-märkischen Stationen zeigten dem REG-Planer nach eigenem Bekunden, in welchen Größenordnungen die rheinischen Bahnhöfe und Stationen mindestens zu erbauen seien, wobei jedes Gebäude so geplant werden sollte, daß es bei Bedarf problemlos zu erweitern und zu vergrößern war.

---

[229] HSTAD(K), Akte Nr. 594, Schriftstück Nr. 2.

74

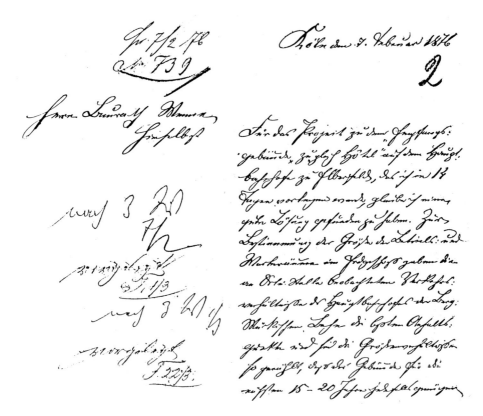

Abb. 25: Auszug aus dem Briefwechsel zwischen Eberhard Wulff und Alexander Menne vom Februar/ März 1876. Aus: HSTAD (K), Akte Nr. 594.

In seinem Brief vom 8. März 1876 an Menne berichtet Wulff detaillierter über seine Vorstellungen: *"Die Idee, mit diesem an günstiger Stelle gelegenen Hauptstationsgebäude [mit Bahnhofshotel, d. Verf.] einen Gasthof zu verbinden, dürfte eine durchaus naturgemäße sein. Elberfeld hat [...] keine den modernen Anforderungen entsprechenden Hotels und würde daher auch durch Errichtung eines solchen einem wirklichen Bedürfnisse entsprechen. Wäre dieses aber auch nicht der Fall, welcher Reisende wird, gleiche Preise, gleich gute Logis und gleich gute Bedienung in den städtischen Hotels und in dem Stationshotel vorausgesetzt, nicht unbedingt letzteres vorziehen, da er hier des lästigen [...] Weitertransportes [...], hin und zurück, vollständig überhoben ist, da er hier eine Hausordnung findet, die sich ganz nach den an- und abgehenden Zügen richtet [...], da er hier seine Briefe und Depeschen auf dem denkbar kürzesten Weg besorgen kann usw? [...] [Ferner bietet] das Hotel auf einem durch seine Höhenlage zugleich gesunden und schönen Platze [...] von seinen Veranden und Terrassen eine weite Aussicht über die Stadt [...]. Alle diese Umstände lassen die Errichtung eines Hotels I. Ranges [...] zweckmäßig erscheinen und würden in demselben den besser situierten Fremden die mit der Terrasse verbundenen Logierräume, den gewöhnlichen Reisenden dagegen die übrigen Räume [...] zu entsprechend billigeren Preisen anzuweisen sein. Das bei der Erweiterung der Stadt über den Bahnhof hinaus, das Hotel nur* gewinnen kann, liegt auf der Hand [...], für die event. spätere Erweiterung der Betriebs- und Hotelräume [ist] Sorge getragen. [...] Natürlich ist vorausgesetzt, daß in der Nähe des neuen Stationshotels für den Verkehr innerhalb der Stadt, für den Übergang zur Berg. Märk. Bahn usw. Haltestellen für Droschken etc. eingerichtet werden. Von den mir bekannten englischen Bahnen hat die South Eastern Railway innerhalb Londons zwei große fünf resp. sechs Stock hohe Hotels und fahren die Reisenden bei der häufig eintretenden Überfüllung des einen zum anderen hinüber. Immerhin ist zu überlegen, ob nicht [...] für den ebenso günstig gelegenen Hauptbahnhof von Barmen, [...] eine ähnliche rentable Anordnung zu treffen ist." [230]

Ein dritter Brief Wulffs an Menne vom 26. März 1876 zeigt den Service, den Wulff den Reisenden, in seinem Bahnhofshotel zu bieten gedachte. Mirke sei durch sein großartiges Panorama zur Erholungs- und Vergnügungsstation geradezu prädestiniert und sollte ein Anziehungspunkt für die ganze Stadt und den Reisenden werden. Der Bahnhof, nicht nur "Wallfahrtsort der pilgernden Bewunderer der neuen Techniken", sondern auch Erholungsort – das war eine durchaus übliche Vorstellung dieser Zeit. [231] Natürlich konnten sich nur Angehörige der oberen sozialen Schichten Erholung in einem solchen Empfangsgebäude leisten.

Wulff hatte für Mirke unter anderem eine Bel Etage, großzügige Wartesäle, einen Speisesaal in der ersten Etage mit Blick auf Elberfeld, einen Billardsaal, ein Lese- und ein Damenzimmer und statt der ursprünglich 65 später 90 und 95 Logierzimmer vorgesehen. Als Grund für die Erhöhung der Zimmerzahl führte er zahlreiche andere erfolgreiche Bahnhofshotels an: den Wiener Hof in Köln (Glockengasse) mit 50, den Mainzer Hof mit 70, das Hotel du Dome mit 76, Hotel Disch mit 120 und das Pariser Hôtel du Nord mit 360 Logierzimmern.

Über die weitere architektonische Gestaltung schrieb Wulff am 26. März 1876: "Bei dieser Einrichtung würde nach der Stadtseite über den unteren eine obere Bogenstel- lung resp. Gallerien anzubringen sein und könnte das Ganze mit diesen wirkungsvollen Arkaden, im gesamten Mittelbau und flankirenden Treppenpavillions zu einem effek- tielleren, die Monotonie der gewöhnlichen Gasthöfe weit hinter sich lassenden Ensem- bles, durchgebildet werden, auch wenn nur ein reiner Ziegelbau, der allerdings dem 'deftigen' 'Charakter des Hotels' entsprechen würde, zur Ausführung käme. Während die unteren Hallen als nothwendige Ergänzungen der Warteräume für den Sommerver- kehr bestimmt sind, würden die oberen Gallerien mit ihrer schönen Aussicht über Elberfeld die wünschenswerthe Ergänzung für den Speisesaal, das Lesezimmer, den Billardsaal [und] wenigstens für reichere Gäste bestimmte Logierzimmer bieten." [232]

Menne aber scheint bereits zu diesem Zeitpunkt zu hohe Kosten für die REG zu befürchten. Er notiert am Rand des Briefes von Wulff: "Bei allen Vorschlägen müssen die Kosten stets überschläglich angegeben sein." [233]

---

[230] HSTAD(K), Akte Nr. 594, Schriftstücke Nr. 3 und 4. Daß Wulff eigens nach Großbritannien reiste, um im Ur- sprungsland des Eisenbahnbaus die Ausführungen und Projekte seiner britischen Kollegen zu studieren, sollte nicht überraschen. Auch der berühmte Baukondukteur Pickel war in Diensten der REG zum Tunnelbaustudium eigens nach England gereist und hatte sich die Bauten der London-Birminghamer Bahn angesehen. Kumpmann berichtet, Pickel habe sogar Kontakt zu Robert Stephenson aufgenommen. Die englische Tunnelbaumethode übernahm Pickel allerdings nicht. Vgl. Meyer/150 Jahre..., S. 171f.

[231] Vgl. Föhl, S. 20.

[232] HSTAD(K), Akte Nr. 594, Schriftstück Nr. 6.

[233] a.a.O.

Verwicklungen, Verzögerungen – der Plan wird entkräftet

Im Januar 1877 schienen die großartigen und großzügigen Ideen Eberhard Wulffs seitens seiner Arbeitgeber bereits verworfen. Brieflich fragt er am 5. Januar 1877 bei Menne an, ob seine Ideen bereits definitiv aufgegeben worden seien.[234] Was war geschehen? 1881 führte Wulff die Gründe auf, die den Plan letztlich veränderten, d.h. in seinem Sinne scheitern ließen.[235] Die äußerst verwickelten Grunderwerbungen für die Neubauten trieben die Kosten für das Wuppertaler Teilstück in die Höhe. Steigende Grundstückspreise und verschiedene Bedingungen, die die Stadt Elberfeld an ihre Baugenehmigungen knüpfte, sorgten wohl dafür, daß die Pläne immer weiter gestutzt werden mußten. Die Rheinische Eisenbahngesellschaft schien von nicht sehr guten Juristen beraten – Streitigkeiten über Grundstückspreise und Grunderwerb sorgten dafür, daß 1880, also ein Jahr nach Eröffnung der Strecke noch ungefähr einhundert Prozesse geführt werden mußten, die zur Hälfte von der Eisenbahnverwaltung, zur Hälfte von den Grundstückseigentümern angestrengt worden waren.[236] Es ist zu vermuten, daß die Barmer und Elberfelder Grundstücksbesitzer von dem ehrgeizigen Projekt der REG hörten und daraufhin ihre Forderungen erhöhten. Weiter ist wahrscheinlich, daß die Bergisch-Märkische Eisenbahn, die schließlich hier entstanden war und auch ihren Sitz in Elberfeld hatte, unter den Elberfelder Stadtverordneten eine Lobby hatte, zumal auch viele finanzstarke Aktionäre dieser Gesellschaft aus dem Wuppertal stammten. (Diese suchten natürlich die lästige Konkurrenz so ungefährlich wie möglich zu halten.) Nur so ist die Verzögerung durch die Stadt Elberfeld zu erklären, die der Rheinischen Eisenbahngesellschaft immer neue Bedingungen zu den Baugenehmigungen stellte. Der Streit zwischen Bahn und Stadt dauerte von April 1878 bis September 1879. Die Stadt forderte unter anderem eine Verlängerung der Zufuhrwege, also Straßenneubauten und auch die dazugehörigen Chausseegräben. Außerdem sollten die Privatzufuhrwege zu den Bahnhöfen der REG nach den in Elberfeld üblichen Bedingungen gebaut werden. Der Abteilungsbaumeister Hövel, der vor Ort die Verhandlungen führte und die Bauarbeiten beaufsichtigte, schrieb empört an Menne: *"Meiner Ansicht nach ist die Stadt nicht berechtigt, diese Bedingungen an die Erlaubnis zur Ausführung der Hochbauten zu knüpfen. Mit demselben Recht kann sie demnächst, wenn wir die Erlaubnis zur Ausführung des Geräteschuppens auf Bahnhof Mirke einholen, verlangen, daß wir den Zufuhrweg zum Güterschuppen auf Bahnhof Mirke resp [...] nach dem Ortsstatut ausbauen. Unsere Zufuhrwege sind doch Privatwege, die vorläufig wenigstens nicht zur Bebauung bestimmt sind."*[237]
Von der Rinnsteingestaltung über das Straßenpflaster bis zur Straßenbreite und viele Kleinigkeiten mehr – die Stadt Elberfeld versuchte, wie schon zwei Jahre zuvor die Stadt Barmen, so viele Leistungen wie möglich aus dem 'Goldesel REG' herauszupressen. Über das Königliche Eisenbahn Commissariat ging der Streit schließlich bis vor den Königlichen Staatsminister und Minister der öffentlichen Arbeiten Albert von

---

[234] Vgl. a.a.O., Schriftstück, Nr. 7.
[235] Vgl. Wulff, S. 42 - 48.
[236] Vgl. a.a.O., S. 11 f.
[237] HSTAD(K): Akte Nr. BR 1003 Nr. 225, bezeichnet: "Elberfeld-Ottenbruch 1875 - 1884", Briefwechsel Hövel/ Menne, Brief vom 20.8.1878, Nr. d. Schriftstücks fehlt. Im folgenden wird diese Quelle verkürzt zitiert als "HSTAD(K): Akte Nr. 225".

Maybach nach Berlin. In einem Schreiben der REG an von Maybach hieß es: *"Wir stützen unsere Beschwerde zunächst darauf, daß die Ortspolizeibehörde überhaupt nicht befugt sei, die Ausführung von Eisenbahn-Bauten von ihrer Zustimmung abhängig zu machen, weil nach § 4 des Gesetzes über die Eisenbahn-Unternehmungen vom 3. November 1838 die Genehmigung der Bahnlinie in ihrer vollständigen Durchführung insbesondere auch der Projecte für die Hochbauten lediglich dem Königlichen Handelsministerium zustehe und ortspolizeilichen, mit dieser Bestimmung in Widerspruch stehenden Vorschriften rechtliche Wirksamkeit nicht beizumessen sei."* [238]

Ein Streit also, den es aufgrund eines Gesetzes von 1838 gar nicht hätte geben dürfen. Man einigte sich schließlich, daß die REG in Ottenbruch den Zufuhrweg zur Katernberger Straße, die Rheinische Straße, baute, die dann in den Besitz der Stadt überging. Die Neue Nord- und Neue Friedrichstraße und der Ausbau der Uellendahler Straße entlang des Mirker Bachs übernahm die REG allerdings nicht so, wie von der Stadt gefordert.

Während dieser Verhandlungen hatte die REG ihre Pläne insgesamt verändert, diese aber trotzdem – auch ohne Baugenehmigungen – weitergeführt.

Die verwickelten Grunderwerbungen, der Streit um die Baugenehmigungen und die dadurch immer höher steigenden Kosten ließen die Gesellschaft, so Wulff, *"von einem Extrem in das andere fallen"*. [239] Statt säulengeschmückter Prachtbauten wurden nun Provisorien aus Fachwerk befohlen. Damit die eigens für diese Stationen errichteten Ringöfen zur Herstellung des Ziegelmaterials nicht umsonst gebaut worden waren, sollten die Ausfachungen aus farbigen Ziegeln entstehen. Wulff, Gegner des Fachwerks, wegen der *"unaufhörlichen Reparaturen"* [240] sowie aus ästhetischen Gründen Gegner eines Provisoriums, protestierte brieflich gegen *"derartige umfangreiche Jammerbauten."* [241] Bereits als ihm die ersten Gerüchte andeuteten, daß die *"mit so großem Eclat begonnenen Projecte [...] durch klägliche Provisorien ersetzt werden sollten [...]"* [242] sandte er einen Überschlag der Reparatur- und Unterhaltskosten an die Verwaltung, der seiner Meinung nach die Folgekosten derartiger Provisorien entlarvte. [243]

Wulffs Eingaben nutzten wenig, sah er sich doch einem einflußreichen, finanzstarken Aktionär gegenüber, dem *"großen Unbekannten"* [244], wie er ihn nannte, der Wulffs Auffassung von Architektur wohl nicht gewogen war. Dieser sorgte dafür, daß die Bedenken des Baumeisters verworfen wurden.

Wohl absichtlich etwas nebulös undeutlich beschreibt Wulff später die Tatsache, daß man bei der REG "von anderer Seite" unterdessen auf seine Idee, an den einzelnen Stationen erweiterungsfähige Empfangsgebäude zu errichten, eingegangen sei. Er vermutete im Nachhinein, daß "der große Unbekannte" damals noch nicht zu seinem vollen Einfluß gekommen war. Roß und Reiter nennt er jedoch nicht. [245]

---

[238] a.a.O., Nr. des Schriftstücks fehlt.

[239] Wulff, S. 43.

[240] a.a.O.

[241] a.a.O.

[242] a.a.O.

[243] Vgl. a.a.O., S. 43 f.

[244] a.a.O., S. 44.

[245] Vgl. a.a.O. Verantwortlich für die verwirrende Planungsgeschichte war sicherlich auch die Tatsache, daß die Hochbauabteilung der REG nicht in einer Hand lag.

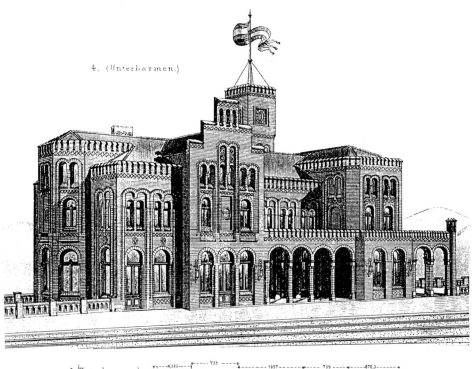

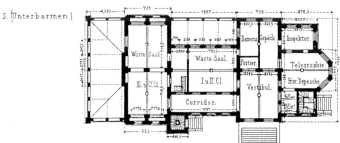

Abb. 26: Der geplante Bahnhof Unterbarmen (heute Loh). Ansicht von der Gleisseite sowie Grundriß. Dieser von Eberhard Wulff konzipierte erste Entwurf wurde nicht ausgeführt. Aus: Wulff, Bildtafel 7, Figuren 4 und 5.

Als erstes Projekt hatte Wulff offenbar den Unterbarmer Bahnhof entworfen, und es gibt Gründe zur Annahme, daß Ottenbruch nach seinen Vorstellungen ganz ähnlich oder genauso gestaltet werden sollte. Vergleicht man die Grundrisse des ausgeführten Bahnhofs Ottenbruch[246] und des abgebildeten Plans des Unterbarmer Gebäudes, so ist die Ähnlichkeit der vorhandenen Raumdisposition nicht zu übersehen. Ein weiteres Indiz für diese Annahme liefert Wulff selbst. Als er den Flächeninhalt der Circulations-räume zu demjenigen der Warteräume am Beispiel Ottenbruchs vorrechnete, verweist er, um diese Rechnung auch bildlich darzustellen, auf eben jenen Grundriß des Bahnhofs Unterbarmen.[247]

---

[246] Vgl. Abbildung 37.
[247] Vgl. Wulff, S. 42.

Der Bau sah nicht nur einen Uhren- und Treppenturm vor, sondern auch steinerne Perrons. Kombinationen aus hell- und dunkelroten Ziegeln sollten die Flächen der Wände farblich beleben. Als Wulff später Ottenbruch plante, sah er für dieses Gebäude zunächst eine Kombination roter und grün glasierter Ziegel *"zum besseren Contraste"*[248] vor.

Neue Nachrichten aus Köln, die besagten, daß keine Massivbauten erwünscht seien und statt dessen *"an den Wetterseiten mit Schiefer zu bekleidende Provisorien zur Ausführung gelangen würden"*,[249] veranlaßten den Baumeister, nochmals in einer Eingabe auf die hohen Folgekosten von Provisorien einzugehen. Enttäuscht hielt er die Antwort fest: *"Was liess mir nun der große Unbekannte antworten? – Dass bei der Entscheidung, ob Provisorien oder Definitiva, die Kostenfrage nicht maassgebend sei. – Also auf die Kosten kam es nicht an! – Worauf kam es denn an? – Hierüber habe ich mir in meinem beschränkten Unterthanenverstande hin und her den Kopf zerbrochen, ohne irgend einen diplomatischen, nationalöconomischen oder überhaupt verständigen Grund entdecken zu können, welcher die Rheinische Bahn veranlassen könnte, für die betr. Bauten, und zwar schon gleich bei ihrer Ausführung, weit mehr Geld auszugeben als nöthig war. Schliesslich bin ich zu der Meinung gekommen, dass es zwar nicht der Rheinischen Bahn, wohl aber dem grossen Unbekannten nicht auf die Kosten ankomme, und an dieser Meinung bin ich genöthigt so lange festzuhalten, bis ich eines Besseren belehrt sein werde. [...] Dem grossen Unbekannten gelang es indessen, meine erweiterungsfähigen Massivbauten meuchlings zu tödten, ich sage meuchlings, denn es geschah hinterrücks im Dunkel absoluten Schweigens. Ich musste die Leichname in den Mappen begraben und mit der Anfertigung von Projecten zu provisorischen Fachwerkgebäuden beginnen [...]."*[250]

Trotzdem sollten auch diese Provisorien architektonisch durchgebildet sein. Es entstanden Entwürfe für die einzelnen Stationen, die sich alle wesentlich voneinander unterscheiden.

Mirke, das ursprünglich ein mit Säulen geschmückter Prachtbau werden sollte, erhielt nun ein viel bescheideneres Aussehen (Abb. 27). Charakteristisch für diese Anlage war der schon in Wulffs Briefen an Menne erwähnte Uhr- und Aussichtsturm. Die Uhr war stets Symbol für den 24-Stunden-Betrieb. Der Uhr- und Aussichtsturm sollte, da Mirke ja als "Vergnügungsstation" geplant war, einen Überblick über die ganze Stadt bieten.[251] In Verbindung mit der ebenfalls hochgelegenen Terrasse und der Bahnhofsrestauration sollte er den Gästen einen angenehmen Aufenthalt verschaffen. Dieser Turm ist jedoch nicht zur Ausführung gekommen.[252] Auch Mittel-, Unter- und Oberbarmen galten wegen ihrer hohen Lage an den Berghängen des Tals als Erholungsstationen. Noch während Wulffs Arbeit an diesen Skizzen ließ *"der 'große Unbekannte' eine weitere Vereinfachung der Projecte durchsetzen"*[253], berichtete Wulff später. Wechselvoll gestaltete Aufrisse sollten fortfallen, die Hauptunterschiede der Gebäude nur noch in den Gebäudegrößen bestehen: *"Man kann sich denken, mit welchen*

---

[248] a.a.O., S. 44.

[249] a.a.O.

[250] a.a.O., S. 45.

[251] Vgl. HSTAD(K): Akte Nr. 594, Schriftstücke Nr. 8 - 11.

[252] Vgl. Wulff, S. 28.

[253] a.a.O., S. 45.

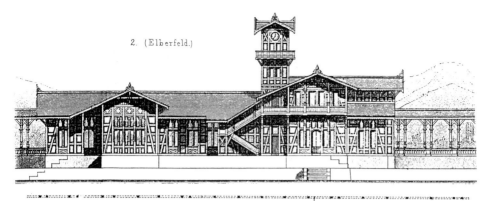

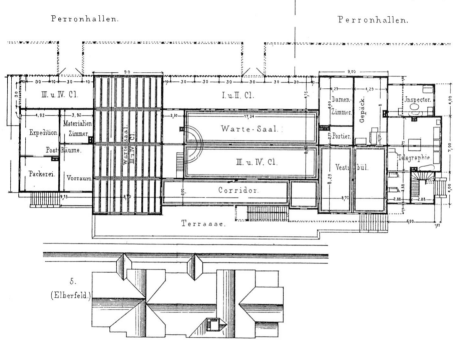

Abb. 27: Oben: Wulffs zweiter Entwurf für den Mirker Bahnhof mit Uhren- und Treppenturm – bereits ein Fachwerkgebäude. Mitte: Grundriß dieses Entwurfs, der seitens der REG "für zu einfach" befunden wurde. Unten: Dachkonstruktion dieses Entwurfs. Aus: Wulff, Bildtafel 5, Figuren 2, 3 und 5.

Gefühlen ich auch diese Projecte, obgleich ich von ihrer Unzweckmäßigkeit überzeugt war, in dem Abgrunde der Mappen zu den übrigen Leichnamen bestattete, der ich, wie ein unglücklicher Schiffer zwischen der Scylla und Charybdis der idealen und materialistischen Strömung, meinen schwachen Kahn über Wasser halten mußte." [254]

Überraschend wurde dann aber doch seine bereits in der Ausführung befindliche neue Version des Projekts Mirke mit Rücksicht auf die Wichtigkeit der Station von der REG "für zu einfach" befunden. Das "etwas reichere" Gebäude, das dann entstand, ist

[254] a.a.O.

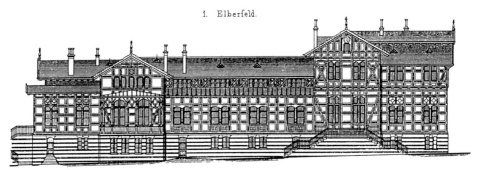

Abb. 28: Zeichnung des letztlich ausgeführten Mirker Bahnhofs. Südseite. Aus: Wulff, Bildtafel 5, Figur 1.

zwar im Sinne Wulffs ein zu schmähendes Provisorium, es ist aber der letzte Plan Wulffs, der schließlich zur Ausführung kam und von dem das heutige Empfangsgebäude noch Zeugnis ablegt. (Abb. 28)

Ein Ergebnis dieser Auseinandersetzungen war auch bis 1981 noch in Ottenbruch zu sehen. So waren beispielsweise der Perron und das Gebäude nach Auffassung Wulffs in "höchst unorganischer Weise" ohne Lichthöfe miteinander verbunden. Auch daß die Hallen aus Holz und nicht aus Eisen waren, entsprach nicht der ursprünglichen Absicht des Baumeisters. Wolfgang Herrmann weist darauf hin, daß noch 1880 die meisten Eisenkonstruktionen als zu kostspielig abgewiesen wurden.[255] Burkhard Bergius sieht in den Fachwerkkonstruktionen die indirekten Vorgänger des Eisenfachwerks. So wurde beispielsweise 1870 die Rheinbrücke bei Koblenz in einer Eisenfachwerkkonstruktion gebaut.[256] Daß die Perrons Ottenbruchs und Mirkes zwar aus Holz errichtet wurden, aber, wie die Abbildung 29 deutlich erkennen läßt, so gestaltet und ornamentiert wurden, als wollte man ein Eisenperron imitieren oder vortäuschen, läßt die Vermutung zu, daß Holzperrons wie der am Empfangsgebäude des Bahnhofs Ottenbruch eine Zwischenphase zwischen Eisen- und Holzbau in der (Eisenbahn-) Technik darstellen. Wulff kritisierte später den Mangel an Lichtquellen, den die unmittelbare Verbindung zwischen Perron und dem Empfangsgebäude mit sich brachte. Erst nach seiner Kritik wurden nur in Mirke die in Abbildung 29 bereits eingezeichneten Lichthöfe eingefügt.

Joseph Seché

Die Abbildungen in Wulffs Abhandlung über die Bahnhöfe sind Beweis und Antwort auf die Frage nach dem Architekten, der den heutigen Bahnhof Mirke entworfen hat (vgl. Abb. 29). Durch Wulffs Angaben unter den Zeichnungen kann Joseph Seché, Architekt aus Köln, identifiziert werden. Lebensdaten und Biographie Sechés sind der

---

[255] Vgl. Herrmann, 2. Teil, S. 33.

[256] Vgl. Bergius, Burkhard: Entwicklungsstrukturen der Eisenarchitektur im 19. Jahrhundert vom Brückenbau bis zum Hallenbau, In: ICOMOS (Hrsg.): Die Rolle des Eisens in der historischen Architektur der ersten Hälfte des 19. Jahrhunderts. Ein Kolloquiumsbericht; Hannover 1978, S. 40 - 45. Im folgenden verkürzt zitiert als "Bergius".

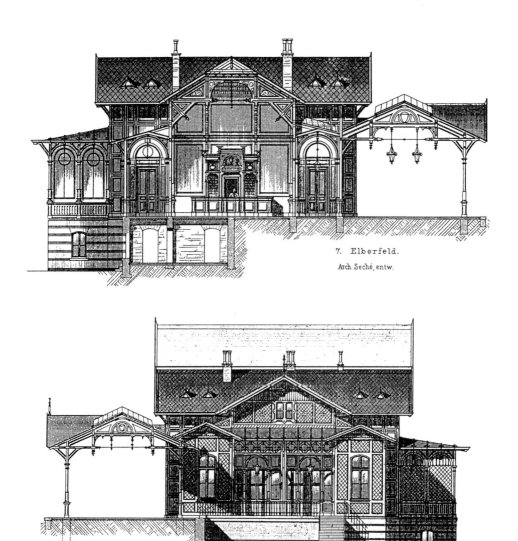

7. Elberfeld.

Arch. Seché, entw.

9. Elberfeld.

Arch. Seché entw.

Abb. 29: Oben: Östliche Seitenansicht des Empfangsgebäudes Mirke. Entwurf von Wulffs Mitarbeiter Joseph Seché. Unten: Westliche Seitenansicht des Mirker Bahnhofs. Ebenfalls von Seché entwik-kelt. Aus: Wulff, Bildtafel 5, Figuren 7 und 9.

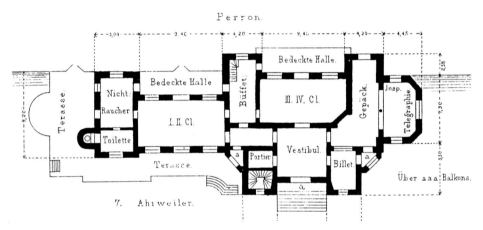

Abb. 30: Der Bahnhof Ahrweiler, entwickelt von Wulffs Mitarbeiter Joseph Seché. Vorderansicht und Grundriß. Aus: Wulff, Bildtafel 11, Figuren 6 und 7.

Forschung noch unbekannt. Bei Eduard Trier und Willy Weyres heißt es über ihn nur: *"Kölner Architekt der Gründerzeit."*[257] Seché, von dem spätere Bauten bekannt sind,[258] hatte neben dem Empfangsgebäude und der Halle des Bahnhofs Mirke auch noch den Bahnhof Ahrweiler, der 1880 seiner Bestimmung übergeben wurde, sowie Neanderthal geplant.[259]

Hiltrud Kier führt als weitere Werke Sechés folgende Kölner Wohnhäuser der achtziger Jahre an: Hohenzollernring 32 (entstanden 1882/83), Hohenzollernring 83

---

[257] Vgl. Trier/Weyres, S. 549.
[258] Vgl. Weyres/Mann, S. 96.
[259] Vgl. Deutsche Bauzeitung 1881, S. 248 ff. Vgl. auch Wulff, Bildtafel 7. Historische Pläne des Bhf. Neanderthal im Privatbesitz des Landschaftsarchitekten Richard Bödeker (Mettmann) belegen Sechés Arbeit.

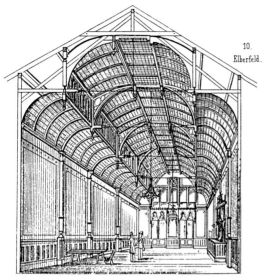

10.
Elberfeld.

Arch. Seché entw.

Abb. 31: Zeichnung der Innenausstattung eines Wartesaals in Mirke von Joseph Seché. Aus: Wulff, Bildtafel 5, Figur 10.

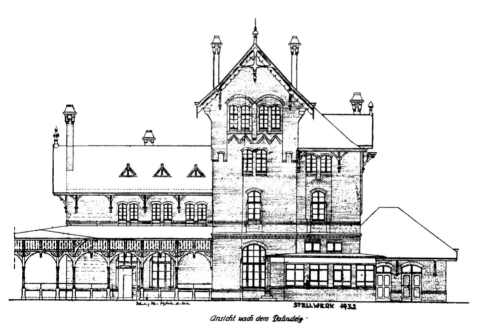

STELLWERK 1932

Ansicht nach dem Bahnsteig ·

Abb. 32: Der Bahnhof Neanderthal. Nordseite. Zeichnung aus dem Privatarchiv Richard Bödeker (Mettmann).

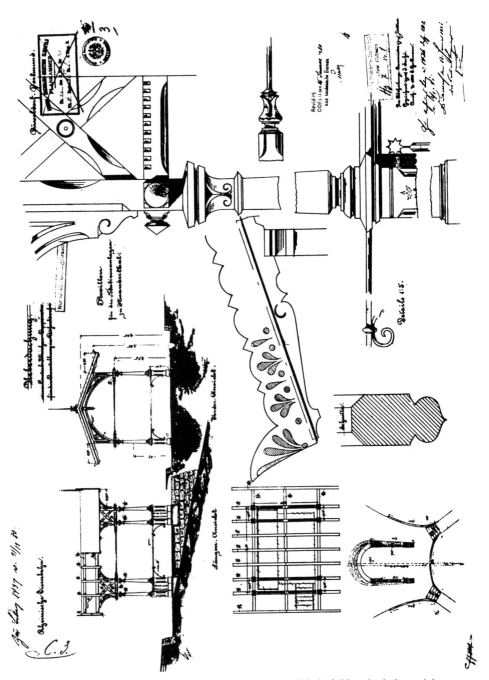

Abb. 33: Detailpläne für den Pavillon im Garten des Panoramabahnhofs Neanderthal, gezeichnet von Joseph Seché, aus dem Jahre 1880. Fundort: Privatarchiv Richard Bödeker (Mettmann).

(1885/86), Habsburgerring 20 (1886/87), die Häuser Salierring 27, 31 (?) und 35 (1887/ 88), die Gebäude Sachsenring 95 und 97 (1890) sowie Sachsenring 101 und gemeinsam mit dem Architekt Edwin Crones das Haus Sachsenring 103/Eifelstraße 1 (1890).[260] Alle diese Bauten wurden später vom Architektenverein Köln besprochen.[261] Letztere Bauten hatte Seché als Privatbaumeister ausgeführt. Ab 1881 hatte er den Bau der Kirchen von Doveren und Hückelhoven geleitet, wobei nur Hückelhoven den Zweiten Weltkrieg überstand.Die Karriere des Architekten Seché war eine für das 19. Jahrhundert durchaus übliche. Nachdem er unter Menne und Wulff als Architekt in der Hochbauabteilung der Rheinischen Eisenbahngesellschaft gearbeitet hatte, später nach der Verstaatlichung von der preußischen Staatsbahn ins bautechnische Büro der königlichen Eisenbahndirektion Köln (linksrheinisch) übernommen worden war, nachdem er also seine Kräfte in Staatsdiensten erprobt hatte, wurde er selbständiger Privatbaumeister.[262]

Seché, der bei der REG sozusagen "seine Lehrjahre" erlebte, kam bei der Planung der Objekte an unserer Strecke bemerkenswerterweise erst zum Einsatz, als Wulffs große Pläne reduziert worden waren. Verärgert ließ Wulff nun seinen Untergebenen Seché Pläne für jene oben erwähnten Provisorien in Mirke und auch in Neanderthal entwickeln.

Erst 1990 wurde der Bahnhof Neanderthal, einst Panorama- und Ausflugsstation, unter Denkmalschutz gestellt. Diese Anlage zeichnet sich auch heute noch vor allem durch die dazugehörige Gartenanlage mit einer (allerdings der Neupflanzung bedürftigen) Kastanienallee aus. Mittelpunkt dieser einzigartigen Bahnhofsgartenanlage war ein von Seché entworfener Pavillon. Auch der Bahnhof Neanderthal war im letzten Jahrhundert Ziel von Erholungssuchenden und – die Gebeine des Neanderthalers waren 1856 entdeckt worden – von geschichtsbewußten 'Pilgern'.

Die Reaktion Wulffs auf den letzten Plan

Die Bahnhöfe in Elberfeld, Mirke und Ottenbruch wurden an der Wetterseite mit bunten, englischen Schieferplatten in Form von Karos verkleidet. Die farbige rotgelbliche Ausfachung verblieb an den beiden anderen Seiten der Gebäude. Zur ehemaligen Innenausstattung, die im Laufe zahlreicher Umbauten in Mirke wie in Ottenbruch fast vollends verlorenging, heißt es bei Wulff: *"Die Innenräume des Empfangsgebäude Elberfeld sind dagegen von schönem Effecte."* [263] Von reicher Bemalung, die auch auf Perron und äußere Fenster- und Türeinfassung ausgedehnt worden war, berichtet der Baumeister, von Vergoldungen, prächtigen Kronleuchtern, gebrannten Fenstern und Draperien ebenso. Die anderen vier Bahnhöfe – Ottenbruch, Unterbarmen (heute Loh),

---

[260] Vgl. Kier, S. 202. Hiltrud Kier bezieht sich unter anderem auf Weyres/Mann. In diesem Werk von 1968 werden die von Seché geplanten Wohnhäuser jedoch mit folgenden Hausnummern angegeben: Hohenzollernring 34 und 83, Habsburgerring 18 und Sachsenring 89 - 91. Vgl. Weyres/Mann, S. 96.

[261] Vgl. Architektenverein Köln (Hrsg): Köln und seine Bauten, Köln 1888, S. 666 und S. 696.

[262] Vgl. Meyer, Lutz Henning: Der Bahnhof Mirke, ein Bau von Joseph Seché? In: Denkmalpflege im Rheinland, 4/85, Brauweiler 1985, S. 33. Im folgenden verkürzt zitiert als "Meyer".

[263] Wulff, S. 46.

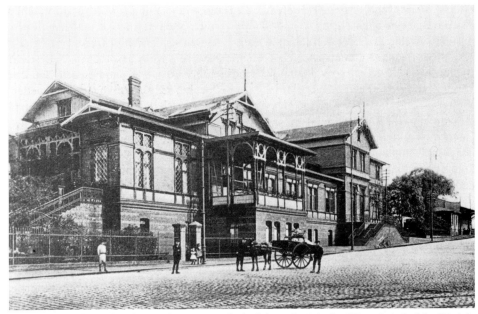

Abb. 34: Um die Jahrhundertwende war er noch ein Schmuckstück, der "Hauptbahnhof der Rheinischen", Mirke. Aus: Photodokumentensammlung des Hist. Zentrums Wuppertal. Undatiert.

Abb. 35: Haupteingangsbereich des Bahnhofs Mirke, Photo d. Verf., September 1986.

Mittelbarmen (heute Heubruch) und Oberbarmen (heute Wichlinghausen) – erhielten einen ähnlichen, wenn auch etwas schlichteren Schmuck.

Der enttäuschte Wulff, der sich verständlicherweise lieber bereits schon zu Lebzeiten mit seinen zunächst vorgesehenen erweiterungsfähigen Massivbauten ein Denkmal gesetzt hätte, unterschlug in seiner Verbitterung die Schönheit und Attraktivität seiner Werke: *"Diese Bauten, die von der Kritik bereits den Namen der "provisorischen Definitiva" erhalten haben, gleichen prächtig geschmückten Damen, deren sammtene und seidene Kleider die sackleinenen Unterröcke nicht verbergen können."* [264] Das ist zweifellos eine Übertreibung.

Die "Provisorien", deren Haltbarkeit der Baumeister – besonders nach einem Brand in Ottenbruch kurz nach der Fertigstellung des Gebäudes – so heftig bestritt, haben immerhin über 100 Jahre (fast) unbeschadet überdauert. Erst 1983 wurde die Vorhalle Mirkes (angeblich wegen Baufälligkeit) abgebrochen. Während die Bahnhöfe Ottenbruch, Loh und Mirke heute noch existieren, wurden Heubruch und Wichlinghausen Opfer des Zweiten Weltkriegs. In einem Punkt hat Wulff Recht behalten. Die Kosten der Bauten erhöhten sich durch die Holz- und Schiefereinkäufe um etwa 70 Prozent! [265] Für die Strecke Düsseldorf – Hörde wurden *"für Bauten auf den neuen unter'm 9. Juni 1873 konzessionierten Linien 24.955.819M"* [266] ausgegeben. Ursprünglich sollten es nur rund 16.300.000 Mark sein.

---

[264] a.a.O. Die erwähnte Kritik ist nirgends nachzuweisen.

[265] Vgl. a.a.O., S. 47. Loh hieß zu Wulffs Zeiten Unterbarmen, Heubruch Mittelbarmen und Wichlinghausen Oberbarmen.

[266] Deutsche Bauzeitung No. 55, 1879, S. 280.

8. BAUBESCHREIBUNG DES BAHNHOFS OTTENBRUCH

Die Lage des Gebäudes

Der Bahnhof Ottenbruch wurde wahrscheinlich zur gleichen Zeit wie das Mirker Empfangsgebäude gebaut, so wie auch alle Pläne für die Wuppertaler 'rheinischen' Bahnhöfe etwa gleichzeitig entstanden und gleichzeitig wieder "abgespeckt" wurden. Eberhard Wulff sah seine Bahnhofsbauten, mit denen er die Strecke der REG versah, als ein zusammengehöriges "harmonisches Ensemble" an. Das bedeutet, der Betrachter, der die Strecke befährt, sollte sich eine Aneinanderreihung der Empfangsgebäude vorstellen, um so das Gesamtwerk eines Bahnhofbaumeisters würdigen zu können.[267] Es ist folglich davon auszugehen, daß Wulff mit der gleichen Konzeption und den gleichen Gestaltungsprinzipien wie für Mirke auch an das Projekt 'Bahnhof Ottenbruch' heranging. Umso unverständlicher wirkt die Tatsache, daß der Streit zwischen Denkmalschützern und Bundesbahn nur das Denkmal 'Bahnhof Ottenbruch' thematisierte. Wegen des sich nur auf den Bahnhof Ottenbruch beziehenden mir zugänglichen Quellenmaterials soll nun eine Baubeschreibung dieses Bahnhofs folgen. Zunächst aber gilt es, die Lage des Objekts zu charakterisieren.

Die Flurbezeichnung "Im Ottenbruch" bezeichnete in historischen Karten[268] das Gebiet an der Briller Straße und erinnert an den alten Hof Ottenbruch. Bereits 1302 wird ein Johannes de Ottenbruke als Schöffe des Elberfelder Gerichts erwähnt.[269] Heute assoziiert der Wuppertaler mit der Bezeichnung Ottenbruch nur noch den Bahnhof. Aber auch der Bach, der an der einstigen Verbindungsstraße zwischen Elberfeld und Neviges entlang der Briller Straße zum (heutigen) Robert-Daum-Platz in die Wupper lief, hieß früher Ottenbrucher Bach.[270]

Ottenbruch, einer der ursprünglich sieben Bahnhöfe der ehemaligen rheinischen Linie im Bereich der heutigen Stadt Wuppertal (zu den bereits genannten fünf Bahnhöfen können noch Varresbeck an der Düsseldorfer Straße, heute von der Firma Kugelfischer genutzt, und der Bahnhof Dornap-Hahnenfurth hinzugezählt werden) liegt heute an der Funckstraße, der ehemaligen Rheinischen Straße in Wuppertal-Elberfeld (Bezirk Katernberg).

Ein Plan (Abb. 36), unterzeichnet von REG-Abteilungsbaumeister Hövel am 26. Februar 1880, veranschaulicht die Lage des Bahnhofs auch heute noch treffend. Der Weg des Reisenden führt(e) durch die Rheinische Straße über den Bahnhofsvorweg, heute noch gepflastert mit dem ursprünglichen Kopfstein, auf den Bahnhofsvorplatz, dann durch das Empfangsgebäude in die Perronhalle zu den Gleisen der Strecke Düsseldorf – Hörde, beziehungsweise heute Düsseldorf – Wichlinghausen. Auf der

---

[267] Vgl. Wulff, S. 30 ff.
[268] Vgl. Villa Amalia, S. 64 f.
[269] Vgl. Kießling, H.: Beiträge zur Geschichte des Ottenbruchs und des Briller Viertels in Elberfeld 1550 - 1900. In: Mitteilungen der westdeutschen Gesellschaft für Familienkunde, Heft 7/1980.
[270] Vgl. Villa Amalia, S. 64/65.

90

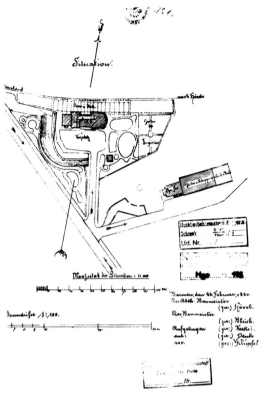

rechten Seite lag in den Grünanlagen der sogenannte Abort (Quadrat, schraffiert).

Eilige Reisende können noch heute statt durch den Bahnhof auch rechts zwischen Gebäude und Grünanlagen hindurchgehen. Selbst der "Garten des Inspectors" ist noch erhalten, wenn auch verwildert. Zunächst war auch die Güterabfertigung in einem Teil des Empfangsgebäudes vorgesehen. Der Güterverkehr wurde 1880 bereits vom Personenverkehr abgetrennt. Der Weg der Güter führte über den zweiten östlichen Abzweig zum Güterschuppen, der die Verwaltungsräume beherbergte und an den sich der eigentliche Schuppen im Mittelbereich mit Ladebühne anschloß. Allerdings blieb nur das Verwaltungsgebäude erhalten.

Abb. 36: Situationsplan des Ottenbrucher Bahnhofs von 1880. Photo d. Verf. Aus: Planakte Elberfeld-Ottenbruch, Hochbaubahnmeisterei Elberfeld.

Zum Grundriß

Nach Eberhard Wulffs Grundsätzen mußte sich der Grundriß eines Empfangsgebäudes aus seinem Zweck ableiten. Dieser Hauptzweck eines Stationsgebäudes bestand in den siebziger Jahren des 19. Jahrhunderts *"in der Vermittlung von Personen-, Gepäck- und Depeschenbeförderung."* [271] Jener Grundrißorganismus sei daher der vollkommenste und schönste, welcher diese Aufgabe aufs einfachste und naturgemäßeste für die Reisenden wie für die Beamten löse.[272] Ottenbruch, hier korrespondierte die architektonische Durchbildung der Einzelteile mit dem Ganzen, gehört daher trotz der Kritik seines Schöpfers zu den gelungenen Lösungen.

Wenn auch der Haupteingang wesentlich kleiner ausfiel als der des Bahnhofs Mirke – dieser sollte ja auch als Konkurrenz zum bergisch-märkischen Bahnhof Döppersberg zum wichtigsten Bahnhof Elberfelds werden – so fällt er doch sofort ins Auge.

Zum Bahnhofsvorplatz Mirke führte eine großzügig angelegte Doppeltreppe (Abb. 63). Der Grundriß Ottenbruchs (Abb. 37) zeigt, daß Wulff sich bei der Planung an seine

---

[271] Wulff, S. 17.
[272] Vgl. a.a.O., S. 17 - 19.

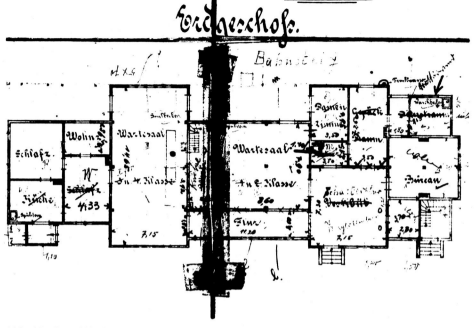

Abb. 37: Grundriß des Bahnhofs Ottenbruch aus dem Jahr 1907 mit zahlreichen nachträglichen Eintragungen von fremder Hand. Der Grundriß ist genordet. Das Erdgeschoß ist hier noch in der ursprünglichen Raumaufteilung zu sehen. Photo d. Verf. Aus: Planakte Elberfeld-Ottenbruch, Hochbaubahnmeisterei Elberfeld.

Prinzipien hielt. Der Baumeister hatte vorgeschlagen, daß der Weg des Reisenden durch das Gebäude der denkbar kürzeste und rationellste sein sollte. Über eine Treppe (links im Grundriß; die Treppe rechts gehört zur Wohnung des Bahninspectors) gelangte man ins Vestibül. Dieser Raum, die Empfangshalle des Bahnhofs, sollte dem Reisenden einen Überblick über die zu erledigenden Formalitäten und den Zugang zu den Schaltern gewähren. Von hier aus ist der Weg des Reisenden als *"die anfänglich in einem Strange durchlaufende, dann in viele Zweige sich ausbreitende Hauptpulsader für den Organismus des Stationsgebäudes"*[273] zu erkennen. Wulff konzipierte also die Lage der Räume so, daß der Reisende sie in der Reihenfolge ihrer Benutzung antraf. Nacheinander konnte er zum Billetschalter (rechts vom Haupteingang), zum Bureau des Inspectors (Depeschenabgabe), zum Schalter des Portiers, der das Handgepäck in Empfang nahm (gegenüber des Haupteingangs), zur Abgabe, bzw. Annahme größerer Gepäckstücke und schließlich zum Vestibül in den Wartesaal erster und zweiter Klasse oder über einen Flur in den Wartesaal dritter und vierter Klasse gelangen. Der Raum des Portiers war mit dem Gepäckraum verbunden. Der Portier gab hier entgegengenommenes Handgepäck weiter. Eine ähnliche Funktion hatte der mit einem Pfeil gekennzeichnete Dienstraum in der nordwestlichen Ecke des Gebäudes. Ankommende gaben hier ihr Gepäck ab. Durchreisende konnten hier schnell ein Telegramm aufgeben. (Die

---

[273] Wulff, S. 17.

92

erforderliche Verbindung zum Bureau ist gut sichtbar). Vom Vestibül auf direktem Wege zu erreichen war der Wartesaal erster und zweiter Klasse. Eine Luke verband diesen Wartesaal mit Buffet und Küche. Die Reisenden konnten sich hier wahrscheinlich beköstigen lassen. Vom Wartesaal der ersten und zweiten Klasse ließen sich fünf Türen zum Bahnsteig öffnen, so daß es nicht zu Gedränge kam. Interessant ist das ehemalige Damen-Zimmer, das nur vom Bahnsteig aus zu erreichen war. Ein solches Damen-Zimmer gab es nur in einem Bahnhof der gehobenen Kategorie. Dieses Zimmer bot Damen der höheren gesellschaftlichen Schichten Schutz, die allein oder nur in Begleitung ihrer Kinder reisten.

Der Wartesaal dritter und vierter Klasse war nicht so bequem zugänglich wie der der ersten und zweiten Klasse. Wohl aus Gründen der Gebäude-Symmetrie parallel zum Flur (der allein den Zugang gewährte) angelegt, war er mit seiner Schmalseite an den Bahnsteig gesetzt und besaß nur einen breiten Ausgang. Die Anforderungen an die relativ kleine Station Ottenbruch erlaubten Wulff nicht, das Vestibül – wie von ihm als ideal angesehen – polygonal zu gestalten, sondern es nur in Form eines Quadrats auszuführen.

Folgende positiven Attribute kennzeichneten nach Wulff die Ottenbrucher Anlage des Wartesaals erster und zweiter Klasse:
1. Leichte Zugänglichkeit vom Vestibül;
2. parallele Lage zu den Gleisen;
3. fünf große Türen zum Perron;
4. Einteilung der Wartesäle nach Klassen, die bezüglich ihrer Tiefe und Länge wie Versammlungsräume gestaltet wurden;
5. kurzer Weg zur Halle und damit zum Zug;
6. *"Kreuzungen der Reisenden werden vermieden"*[274], da es ja auch Waggons der ersten bis vierten Klasse gab und eine Vermischung der sozialen Schichten unerwünscht war;
7. Bedienung durch Kellner.

Der Grundriß war also so konzipiert, daß der Reisende beim Eintritt ins Vestibül sofort die Übersicht gewann. Die Konzentration der Diensträume im östlichen Gebäudeteil ermöglichte *"deren einheitliche Überwachung durch den Stationsvorsteher."*[275]

Wulff entwickelte den Grundriß seines Bahnhofsgebäudes nicht nur nach dessen Zweck und Funktion, sondern auch aus dem Bestreben nach Harmonie in der Architektur. Um kurze, übersichtliche Wege für den Reisenden und rationelle Arbeitsgänge für die Beamten zu ermöglichen, entwickelte er jene rechteckige Grundrißform, in der das Vestibül untergebracht ist. So mußten die Diensträume rund um dieses Zentrum entstehen und die Dienstzimmer sich an einer Seite (hier der östlichen) anschließen. Darüber hinaus sollte ein Wartesaal parallel zu den Gleisen liegen, um Gedränge der Reisenden zu vermeiden. Wartesaal, Flur und Buffet bilden zusammengefaßt annähernd ein zweites Quadrat. Im Sinne der angestrebten Harmonie mußte sich nun eine zweite rechteckige Grundrißform anschließen (der Wartesaal dritter und vierter Klasse). Beide Rechtecke sind parallel und rechtwinklig zu den Gleisen angelegt – "harmo-

---

[274] a.a.O., S. 18.
[275] a.a.O.

nieerzeugende" Symmetrie ist damit gegeben. Die quadratische Grundrißform (mit dem Wartesaal erster und zweiter Klasse) korrespondiert nun mit der letzten, noch nicht genannten, streng quadratischen Grundrißform (Wohnung des Portiers). Die Grundrißsymmetrie wird also dadurch hergestellt, daß einerseits Vestibül und Diensträume dem Wartesaal dritter und vierter Klasse, andererseits der Wartesaal erster und zweiter Klasse mit dem Flur der Dienstwohnung des Portiers entsprechen.

Komplettiert werden diese symmetrischen Beziehungen an der Südseite des Gebäudes: Der Eingang der Portierwohnung beginnt in Höhe der Südfassade des Wartesaals dritter und vierter Klasse. Die Südwand der quadratischen Grundrißform mit dem Wartesaal erster und zweiter Klasse und Flur liegt wiederum auf einer Höhe mit der Südwand der anhängenden Diensträume. Dieser bisher noch nicht erwähnte Trakt enthält, großzügig betrachtet, noch einmal alle erwähnten geometrischen Grundformen, die diesen Gesamtgrundriß bestimmen.

Der zweigeschossige Fachwerkbau, ausgefacht mit farbigen Ziegeln, enthielt jenen rechteckigen Teil, in dem einer der Wartesäle untergebracht war, der nur eingeschossig war. Entgegen den üblichen Gepflogenheiten baute Wulff den Wartesaal der niederen Schichten größer als den der ersten und zweiten Klasse. Gründe dafür lagen aber keinesfalls im sozialen Engagement Wulffs, sondern darin, daß er die damaligen Formeln, die die Größe einer Station und die Größe ihrer Räume (abhängig von der Mobilität und der Verbreitung der umliegenden Bevölkerung) anzweifelte. Zudem waren die Gebäude der REG in Barmen und Elberfeld ohnehin Ausnahmen: Da Ottenbruch weder "Marktstation" noch "Vergnügungsstation" war wie Mirke[276] und sich die Auswirkung der Konkurrenz kaum abschätzen ließ, war es schwierig, die Zahl der Benutzer der Station zu prognostizieren und die Größe des Bahnhofs richtig zu bemessen.

Die Beamtenwohnungen und Arbeitsräume

Die im Grundriß des Erdgeschosses des Empfangsgebäudes Ottenbruch eingezeichnete Wohnung sollte ursprünglich (1879) der Güterabfertigung dienen. Als 1880 die Güterhalle erbaut wurde, konnten diese Räume als Portierswohnung genutzt werden. Später wurden diese Räume wieder zu Dienst- und Lagerräumen umfunktioniert.

Der Grundriß des Kellergeschosses bietet Einblick in die Arbeitsräume der Bahnhofsangestellten. Unter beiden Wartesälen befanden sich ein Bierkeller und ein Spülraum sowie mehrere Kohlen- und Kellerräume. Eine Treppe verband Keller- und Arbeitsräume mit dem Buffetraum. Küche, Arbeitsräume und ein Wohnraum über dem Buffet deuten an, daß sich die Bahnhofsrestauration der REG jeweils zu einem selbständigen, rentablen Geschäft entwickeln sollte. In Ottenbruch war der Restaurationsbetrieb anfangs nur ein Filialbetrieb eines Elberfelder Wirtshauses.[277] Der Kellerraum unter dem Vestibül diente wohl der Lagerung der Dienstmaterialien. Zugang zum Keller, beispielsweise für die Anlieferung von Kohlen, erhielt man über eine Treppe neben dem Haupteingang. Unterhalb der Diensträume und des Bureaus des Stationsvor-

---

[276] Vgl. Kapitel 7.
[277] Vgl. Wulff, S. 29.

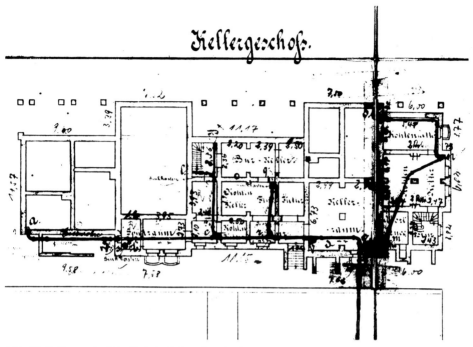

Kellergeschoß.

Abb. 38: Kellergeschoß des Bahnhofs Ottenbruch. Photo d. Verf. Aus: Planakte Elberfeld-Ottenbruch, Hochbaubahnmeisterei Elberfeld.

stehers (Inspector) befand sich der Privatkeller der Inspectorenfamilie. Dieser Kellertrakt konnte über das Treppenhaus, das auch in das Obergeschoß zur Wohnung des Inspectors führte, erreicht werden. Links neben dem Treppenhaus die abgeschlossene Abortgrube. Die Abbildungen 39 und 41 zeigen einen Etagengrundriß der Beamtenwohnungen einschließlich der Bezeichnung der genutzten Räume. Beamtenwohnungen dieser Art waren für die Rheinische Eisenbahngesellschaft kostengünstiger als der Bau von Beamtenhäusern.[278] Zu erkennen ist hier ebenfalls die Unterbringungsmöglichkeit eines weiteren Arbeitnehmers. Oberhalb des Buffets konnte in einem Schlafzimmer mit Bad ein Kellner, Wirt oder Koch des Restaurationsbetriebes wohnen. Einzige Lichtquelle dieser Dachwohnung war eine kleine Luke.

Heute überrascht die Tatsache, daß die Rheinische Eisenbahngesellschaft ihren Stationsvorstehern (samt Familien) eigene Gärten anlegte.[279] Wahrscheinlich sorgten aber die niedrigen damaligen Gehälter dafür, daß dieser Bahnhofsgarten notwendig wurde. 1879 teilten sich Portiersfamilie und die des Bahnhofvorstehers die Wohnung im Obergeschoß. Der Portier bewohnte die auf Abb. 39 mit II gekennzeichneten Räume, der Inspector die mit I gekennzeichneten Räume. Durch die Auslagerung der Güterab-

---

[278] Vgl. a.a.O.

[279] Vgl. dazu Henning, Friedrich Wilhelm: Humanisierung und Technisierung der Arbeitswelt. In: Reulecke, Jürgen/Weber, Wolfhard (Hrsg.): Fabrik, Familie, Feierabend. Beiträge zur Sozialgeschichte des Alltags im Industriezeitalter, Wuppertal 1978, S. 69 ff.

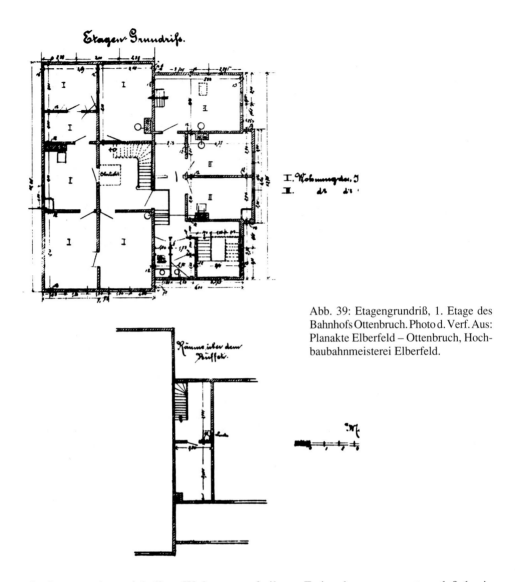

Abb. 39: Etagengrundriß, 1. Etage des Bahnhofs Ottenbruch. Photo d. Verf. Aus: Planakte Elberfeld – Ottenbruch, Hochbaubahnmeisterei Elberfeld.

fertigung änderte sich diese Wohnungsaufteilung. Es ist aber zu vermuten, daß das in Abb. 41 gezeigte Geschoß auch nach der Auslagerung noch zwei oder drei Familien beherbergte. Anders ist nicht zu erklären, daß hier zwei Räume die Bezeichnung "Küche" erhielten. Wenn das der Fall war, bewohnten der Stationsvorsteher den Trakt oberhalb seines Büros und die beiden anderen Parteien jeweils zwei Zimmer oberhalb der Diensträume um das Vestibül. Die Küche wie auch die Sanitäranlagen wurden geteilt.

Mit der Beschreibung technischer Denkmale – Bahnhöfe und ihre Anlagen zählen dazu – könnte die Denkmalpflege auch neue Ansätze zur historischen Arbeitsplatzforschung bieten. Daß diese Beschreibung wichtige Erkenntnisse für die Sozialgeschichte liefert, steht außer Zweifel.[280]

---

[280] Vgl. Föhl, S. 13.

Abb. 40: Bahnhofspersonal am Wülfrather Bahnhof (Photodokumentensammlung Stadtarchiv Wülfrath, undatiert)

So führt das "Adreßbuch und Geschäfts-Anzeiger für die Stadt Schwelm" von 1897 Berufe von Bahnbediensteten auf, die heute längst in Vergessenheit geraten sind. So gab es an Schwelms Bahnhöfen Stationsassistenten, Diatäre, Stations-Aspiranten, Telegraphisten und Hülfstelegraphen, Hülfs-Rangiermeister, Weichensteller, Güter-Expedienten, Zivil-Supernumerare, Rollfuhrmänner u.v.a.[281] Karl Ernst Maedel gibt für Preußen eine Aufstellung von siebzehn verschiedenen Uniformen, die sich durch ihre Rang- und Dienstgradabzeichen (Stand 1886) voneinander unterscheiden. Darin heißt es beispielsweise: *"Stationsvorstand, I. Klasse: Am Rockkragen eine breite Goldkante und auf jeder Seite drei goldene Sterne, Schulterverzierung, (...) Offiziersdegen mit goldenem Portepee."*[282] Dies bezeugt die breit gefächerte Differenzierung des Berufsstandes wie auch die gesellschaftliche Wertschätzung, deren sich die Bediensteten des fortschrittlichsten Verkehrsmittels jener Zeit erfreuten.

---

[281] Vgl. Adreßbuch und Geschäftsanzeiger für die Stadt Schwelm, Schwelm 1897, 2. Jg., Bd. 1, S. 13 f.f. Standort: Haus Martfeld, Schwelm, Stadtarchiv.
[282] Maedel, S. 90.

97

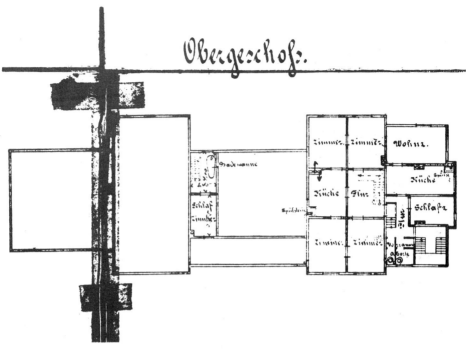

Abb. 41: Obergeschoß Bahnhof Ottenbruch. Photo d. Verf. Aus: Planakte Elberfeld-Ottenbruch, Hochbaubahnmeisterei Elberfeld.

Zum Baumaterial

Prinzip des Baumeisters Wulff war es, stets Baumaterial für seine Hochbauten auszuwählen, das aus der Gegend stammte, in der er das neue Gebäude errichten wollte.

Rote Sandsteinbauten an der Eifellinie, Bauten aus vulkanischem Gestein an der Strecke Andernach – Mayen oder die Verwendung von Grauwacken bei den Bauten an der Westerwaldbahn geben davon ein Beispiel. Diese Bahnhöfe sollen sogar auf nachfolgende Neubauten der Umgegend abgefärbt haben, berichtete Wulff.[283] Einerseits paßte er so seine Bauten dem Charakter der Landschaft an, andererseits hielt er so auch die Kosten der Bauten geringer. Ottenbruch wie Mirke sind Fachwerkbauten: Der Planausschnitt in Abbildung 42 zeigt die Lage der Sparren und Balken, wie sie 1878 festgelegt worden war.

Das Gebäude wurde hier aus der Sicht vom Bahnhofsvorplatz aus gesehen. Ein Ausschnitt aus dem Plan (Abbildung 44) zeigt deutlich: Wulff hat diesen Bauabschnitt im Januar 1878 entworfen, am 16. Juni 1878 war der Auftrag ausgeführt, den Oberingenieur Baurath Alexander Menne dann genehmigte.

Auch für die Strecke Düsseldorf – Hörde hatte Wulff im Bezug auf das Baumaterial jene wirtschaftlichen und baukünstlerischen Aspekte im Sinn. Die Strecke, die das mit Marmorlagern durchsetzte 'Kalkgebirge' um das Neandertal zwischen Mettmann und

---

[283] Vgl. Wulff, S. 30 f.

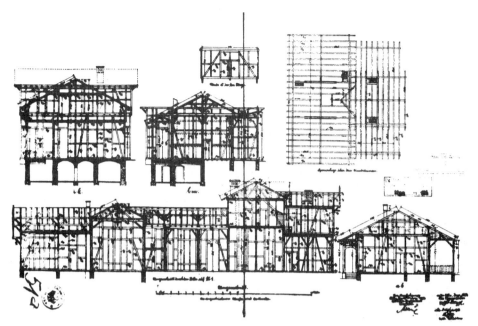

Abb. 42: Das "Holzskelett" des Ottenbrucher Bahnhofs. Längs- und Querschnitte sowie Sparrenlage. Photo d. Verf. Aus: Planakte Elberfeld-Ottenbruch, Hochbaubahnmeisterei Elberfeld.

Erkrath durchschneidet, sollte daher zunächst mit Bahnhofsbauten aus Kalkstein versehen werden. Von der zweckmäßigen Verwendung dieses Materials hatte man sich in der näheren Nachbarschaft überzeugt. Wulff schrieb: *"Vielleicht war sogar zu hoffen, dass sich die früheren Marmorschleifereien dieser Gegend wieder belebt haben würden, wenn man einmal einsah, wie gut sich dieses Material auch zu wirklichen Schönbauten eignet. Augenblicklich wird dasselbe ausser zum Bau von Bauernhäusern, Scheunen und dergleichen vorzugsweise zum Kalkbrennen und zu Hüttenzwecken benutzt."*[284]

Insbesondere die weiß-bläuliche Farbe dieses Steins hätte wohl zu einem *"effectvollen Aeussern sehr viel beigetragen."*[285] Statt dessen errichtete die REG für ihre zu Anfang als überaus bedeutend geplante Bauten zwischen Elberfeld und Barmen Ziegelöfen, in denen farbige Bausteine gebrannt wurden. Und weil diese Öfen sich rentieren mußten, wurden schließlich alle Hochbauten bis einschließlich des Hauptbahnhofs in Mettmann mit Ziegeln gebaut.

Warum Mirke und Ottenbruch nicht als Ziegelrohbauten, wie von Wulff gewünscht, sondern als Fachwerkbauten mit Bretter- und Schieferverkleidung, allerdings ausgefacht mit ockerfarbenen und rötlichen Ziegeln, errichtet wurden, war bereits der Baugeschichte der Denkmale zu entnehmen. Zur Verwendung kamen gegen Wulffs Willen kostspielige, farbige, englische Schiefer, die bereits nach kurzer Zeit ihre Farbe verloren. In seiner Kritik hatte Wulff dies vorausgesagt. Eine andere Prognose des Baumeisters schlug jedoch fehl. Er hatte 1881 geschrieben, man werde diese Bauten

---

[284] a.a.O., S. 31.

[285] a.a.O.

99

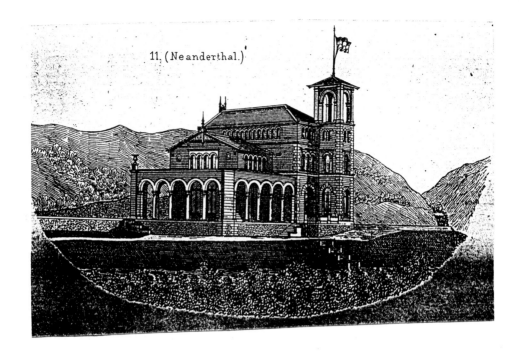

11. (Neanderthal.)

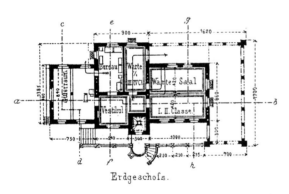

Erdgeschofs.

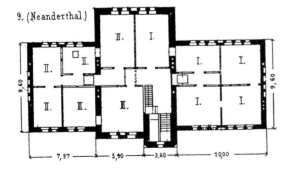

9. (Neanderthal.)

Abb. 43: Der Bahnhof Neanderthal. Eine nicht ausgeführte Variante einschließlich der dazugehörigen Grundrisse. Diese Variante stammt von Eberhard Wulff, der letztlich ausgeführte Bau dagegen von Seché. Aus: Wulff, Bildtafel 7, Figuren 11, 8 und 9. Mitte rechts: Postkartenausschnitt mit dem Bahnhof Neanderthal.

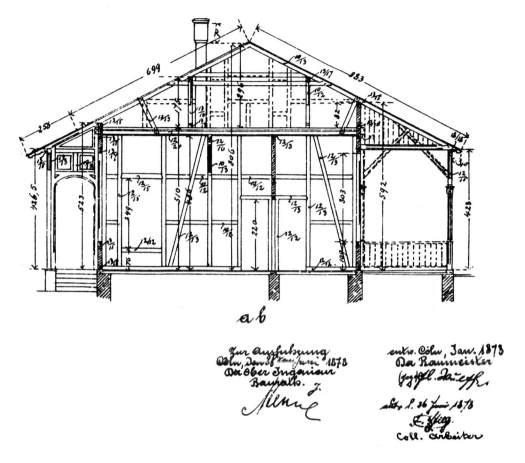

Abb. 44: Die Unterschriften von Menne und Wulff von 1878. Photo d. Verf. Aus: Planakte Elberfeld-Ottenbruch, Hochbaubahnmeisterei Elberfeld.

wohl nach kurzer Zeit abreißen müssen. Der im Bergischen Land über Jahrhunderte angewandten Fachwerkbauweise traute er nicht.[286] Dennoch hatte er, gerade indem er in Fachwerk bauen ließ, diesen Bahnhofsbau dem (Bau-) Charakter des Bergischen Landes nicht nur vorzüglich angepaßt – in Barmen wie in Elberfeld fanden diese Fachwerkbauten mit farbiger Ausfachung vermutlich sogar Nachahmungen.

Die Abbildung 45 zeigt einen Plan, der das Empfangsgebäude von der Seite der Gleise ohne Perron darstellt. Deutlich ist zu erkennen, daß eine Fensterreihe oberhalb des Perrondaches angebracht wurde, so daß die Lichtquellen für die Wartesäle, die Diensträume und die Wohnung des Portiers gegeben waren.

Für einen Baumeister in der zweiten Hälfte des 19. Jahrhunderts war die fehlende Kanalisation noch ein großes Problem. Den Abtritten, Aborten, beziehungsweise Toiletten- und Sanitäranlagen widmete Wulff daher mehrere Seiten in seinem Buch.[287] Aus

---

[286] Vgl. a.a.O., S. 31.
[287] Vgl. a.a.O., S. 32 - 35 und vgl. Abb. 7 dieser Arbeit.

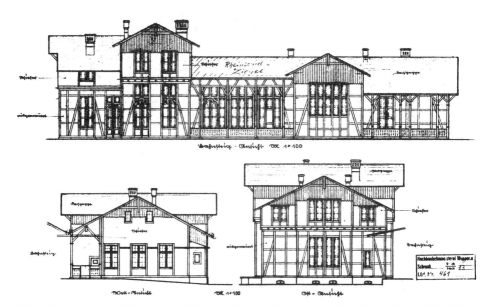

Abb. 45: Bahnsteigansicht, Ost- und Westansicht des Ottenbrucher Bahnhofs. Photo d. Verf. Aus: Planakte Elberfeld-Ottenbruch, Hochbaubahnmeisterei Elberfeld.

den Erfahrungen, die die Architektur beispielsweise am Schloß von Versailles gemacht hatte, lernend, so ironisierte Wulff, legte er den Abort für die Besucher eines Bahnhofs in die Grünanlagen des Empfangsgebäudes. Der Grundriß des Kellergeschosses Ottenbruch zeigte, daß die Abortgrube der Wohnung hermetisch abgeriegelt war.[288] Auch die beschriebene Anordnung der Sanitäranlagen, die übrigens in Mirke ähnlich war, führte dazu, daß die Rheinische Eisenbahngesellschaft die Station Ottenbruch zu einem Empfangsgebäude der Klasse E erklärte. Zum Vergleich: Mirke, die komfortablere Station, gehörte der höchsten Klassifikation, der Klasse F, an.[289]

Der Bahnhof Ottenbruch damals (1886) und heute (1986)

Ein Vergleich des Bahnhofs Ottenbruch 1886 mit dem Bahnhof Ottenbruch 1986 zeigt, daß im Laufe dieser 100 Jahre einiges, was die Schönheit des Gebäudes ausmachte, 'wegrepariert' wurde.

Am gesamten Gebäude wurden die großen Fenster und Türen verkleinert und so in ihren Proportionen verändert. Einzig die Tür zur ehemaligen Portierwohnung (Abb. 48) ist noch aus der Gründerzeit erhalten. Daß sie nicht die einzige ihrer Art am ganzen Gebäude war, ist in Abb. 46 abzulesen. Die Fenster und Fensterscheiben sind der heu-

---

[288] Vgl. Abb. 38 dieser Arbeit.
[289] Vgl. Wulff, S. 37 f.

Abb. 46: Postkarte des Bahnhofs Ottenbruch, um 1886. Postkartensammlung des Historischen Zentrums Wuppertal.

Abb. 47: Ottenbruch 1986. Photo: Rolf Löckmann (um 1978). Slg. M. Metschies.

tigen Nutzung des Gebäudes angepaßt. Der Bahnhof wird heute als Gaststätte und Wohnhaus benutzt. Nach zahlreichen Umbauten ist das Innere des ehemaligen Bahnhofs kaum noch wiederzuerkennen. Während heute die Fachwerkkonstruktion der Südseite, also vom Bahnhofsvorplatz, gar nicht mehr zu erkennen ist, wurde sie 1879 von der ursprünglich partiellen Schieferverkleidung nicht gänzlich verdeckt. 1886 blieben einige Balken als Verlängerung der Fensterlinien sichtbar. Die senkrechte Verbretterung, übrigens mit kleinen, regelmäßigen Schnitzereien verziert, wurde an dieser Gebäudeseite entfernt. Lediglich am ehemaligen Portierwohnungseingang ist diese Verbretterung noch erhalten. Heute ist dieser Eingang "Bühneneingang" einer privaten Kleinkunstgruppe, die diese Gaststätte zuweilen zum "Kulturbahnhof" macht.

Auf der Seite der ehemaligen Diensträume, der Ostseite des Bahnhofs sowie auf der Seite des Bahnsteigs (Nordseite) sind die Giebel und Drempelflächen auch heute noch senkrecht verbrettert. Die Dächer sind flachgeneigt. Auch noch nach über 100 Jahren wirken diese Seiten des Gebäudes sehr lebendig und zwar nicht nur durch die verschiedenen Farben der Steine, sondern auch durch das Ornament im Mauerwerk. Friesähnlich lockert eine Reihe von gelben oder roten Steinen das Bild auf, da die Ziegel nicht mit ihrer Längsseite abschließen, sondern mit einer Ecke des Steins (Vgl. Abb. 49). Die waagerechten, bandartigen Reihen gliedern und schmücken die Wandflächen. Auch an der Ost- und Nordseite sind die einst großen Fenster noch zu sehen, die später mit andersfarbigem Ziegel zugemauert und verkleinert wurden.

Insbesondere an den Ecken des Gebäudes sind die Ausfachungen zweifarbig gehalten, wobei die rötlichen und gelblichen Blendziegel ineinander verzahnt wirken. Auf der gesamten Seite des Bahnsteigs dominiert in den Wänden der gelbe Stein. Rund um das Gebäude wird das Fundament in rotem Ziegel angedeutet. Die Trennungslinie zwischen Erd- und Obergeschoß deuten aus dem Mauerwerk herausragende, an ihrem Ende durch geschwungenes und abgerundetes Schnitzwerk geschmückte Balken der Fachwerkkonstruktion an. Sie bilden eine Art Sims, dienen sie doch als waagerecht verlaufendes Bauglied einer Horizontalgliederung des Bauwerks. Die späteren Ausfachungen (durch dunkelrote Ziegel gut zu erkennen), mit denen beispielsweise die Tür des Damenzimmers geschlossen werden sollte, beeinträchtigen den Gesamteindruck des Bauwerks kaum.

Wulff gehörte also zu einer von den Funktionsabläufen im Innern des Gebäudes ausgehenden Bewegung von Baumeistern, die auch eine dadurch entstehende asymmetrische Gestaltungsweise hinnahm. Er verband diese Forderungen mit einer sogenannten *"historischen Neugotik"*[290], die durch jenes warmtonige Ocker-Rot des Ziegel- und Hausteinmaterials auf "malerische" Gestaltung zielte.[291]

Erwähnenswert scheint mir auch das Schnitzwerk auf der Ostseite unterhalb der Fensterbänke im Obergeschoß. Eine regelmäßige Wiederkehr einer Halbkreisform bestimmt dieses Ornament.

Noch erhalten ist die später angelegte Unterführung zur zweiten hölzernen Einzelbahnsteigüberdachung. Decken und Wände dieser Unterführung sind mit (ehemals) weißen Fliesen bezogen. Unterbrochen wird diese weiße Fläche nur von einer Reihe grünlich glasierter Fliesen.

---

[290] Hochbauten, S. 76.
[291] Vgl. a.a.O.

Abb. 48: Tür der ehemaligen Portierwohnung, Photo d. Verf., September 1986.

Abb. 49: Ostseite des Bahnhofs Ottenbruch.
Photo d. Verf. September 1986.

Abb. 50: Nordseite des Bahnhofs Ottenbruch, Photo d. Verf., September 1986.

Bisher noch keine Erwähnung fand die Güterhalle (gebaut 1880) des Bahnhofs, obwohl, soweit noch erhalten, diese mir ebenso denkmalwürdig erscheint.[292] Das sogenannte Empfangsgebäude dieses Gütertrakts ist noch in ursprünglicher Form erhalten. Der Lagerschuppen und die Laderampe wurden im Laufe der Jahre abgerissen und durch einen Klinkerbau ersetzt. Der eingeschossige Anbau, der allerdings zwei Kellergeschosse besitzt, wurde von Wulff dem Bahnhofsgebäude entsprechend gestaltet. Auffällig die rautenförmige Vergitterung an den Fenstern. Quadratisch gehaltenes Fachwerk ist neben sich überkreuzenden Balkenkonstruktionen noch heute zu erkennen. In beiden Fällen wurde eine Reihe gelber Blendziegel parallel zu den Holzbalken gemauert, um so eine Betonung der "hölzernen Linien" zu erzielen. Die Wirkung wird dadurch verstärkt, daß die restliche Ausfachung ebenfalls, wie beim Bahnhofsgebäude, mit rotem Ziegelmaterial vollzogen wurde. Über den Fenstern befindet sich jeweils ein abwechselnd mit gelben und roten Ziegeln gemauerter Rundbogenfries. Dieser Teil der Güter- und Lagerhalle wird heute als Wohnhaus genutzt. Seine Bewohner haben vor ihrem Domizil in einem Schaukasten die Kopie eines alten Fahrplan der REG von 1886 ausgestellt.

---

[292] Vgl. Abbildung 36.

Bahnhof Elberfeld - Ottenbruch

Abb. 51: Postkarte des Bahnhofs Ottenbruch. Undatiert. Aus: Postkartensammlung des Historischen Zentrums Wuppertal.

Warte- und Perronhallen

Während seine Zeitgenossen oft gigantische Konstruktionen – insbesondere für ihre Hallenanlagen an Kopfbahnhöfen – entwarfen, war Eberhard Wulff ein erbitterter Gegner jener *"aufgebauschten riesigen Bedachungen"*.[293] Berger [294] beschreibt ausführlich die Entwicklung der Hallenkonstruktionen, die Ende des 19. Jahrhunderts teilweise zu mehrschiffigen Hallen in Basilikaform mit verschiedener Spannweite oder vielschiffig aneinander gereiht errichtet wurden.[295]

An den Bahnstrecken der ehemaligen Rheinischen Eisenbahn findet man heute nur noch sehr wenige Beispiele solcher Hallenkonstruktionen, unter der Regie Wulffs wurde gar keine überdimensionale Perron- oder Wartehalle angelegt. Seine Frage, ob *"die kolossalen Bau- und Unterhaltskosten der vielfach riesigen Bedachungen zu [ihrem] [...] Nutzeffekt in richtigem Verhältnisse stehen?!"* [296] spiegelte seine Meinung wider und schien den Aktionären Argument genug, diese abzulehnen.

Wartehallen bildeten für Wulff einen Teil der Warteräume, die vorzugsweise während der schönen Jahreszeit genutzt würden. Auch in Ottenbruch war die Wartehalle ein wichtiger Bestandteil der äußeren Architektur. Sie bot genügend Schutz gegen Zugwind durch ihre dreiseitige Umschließung, da sie von den vorspringenden Gebäudeteilen eingeschlossen war. Heute, nachdem die Perronhalle abgetragen wurde, sind diese deutlich zu erkennen. (Vgl. Abb. 55)

---

[293] Wulff, S. 21.
[294] Vgl. Berger, S. 17 - 22.
[295] Vgl. a.a.O., S. 19 f.
[296] Wulff, S. 21.

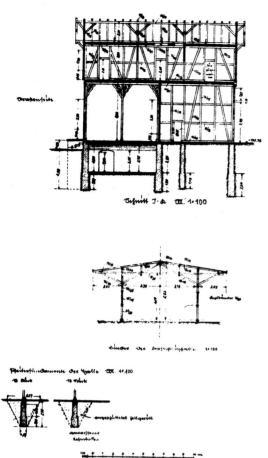

Eine Postkarte (Abb. 51), vor der Jahrhundertwende entstanden, zeigt Ottenbruchs hölzerne Bahnsteigüberdachung, gleisseitig angebunden, eine reich durchgestaltete Holzkonstruktion, die 1985 aus *"technischen Gründen bis zu ihrer Wiedererrichtung"* abgetragen wurde.[297]

Erst im Jahre 1934 taucht in den noch vorhandenen Plänen der damaligen Reichsbahn die zweite Bahnsteigüberdachung auf. Allerdings wird sie in einer Art Bauaufnahme erstmals geführt, so daß anzunehmen ist, daß die Überdachung schon vor 1934 errichtet wurde. Sie wurde allerdings im Stile des schon vorhandenen Perrons, wenn auch teilweise aus Holz und teilweise aus Gußeisen entlang des zweiten Gleiskörpers errichtet. Wahrscheinlich wurde zugleich auch die Unterführung angelegt. Die Abb. 52 zeigt, daß diese Halle den Holzkonstruktionen Wulffs nachempfunden werden sollte. Heute sieht diese Bahnsteigüberdachung so wie in Abb. 53 dargestellt aus.

Abb. 52: Planausschnitt einer Bauaufnahme von 1934. Photo d. Verf., Aus: Planakte Elberfeld-Ottenbruch, Hochbaubahnmeisterei Elberfeld.

"Perronhallen haben den Zweck, die Reisenden beim Einsteigen in die Züge und beim Verlassen derselben auf dem kurzen Wege vom und zum Empfangsgebäude vor Witterungsunbilden zu schützen."[298] Für Eberhard Wulff lag hierin der einzige Grund, Perrons aufzustellen. Den großartigen Aufwand, der mit kostspieligen Konstruktionen teilweise betrieben worden war, verurteilte er. Im Gegenteil, die Größe der Perrons durfte den Wartesälen kein Licht nehmen. In Ottenbruch, wo die Bahnsteigüberdachung an das Gebäude anschloß, hatte er daher die Wartesäle so hoch gebaut, daß das Tageslicht durch eine zweite Reihe von Fenstern oberhalb des Perrondaches die Räume erhellte.

Fast geschlossene Stahl- und Glaspaläste lehnte Wulff ebenfalls ab: *"[...] die Locomotiven können ihren Qualm [...] [hier] in die freie Luft entsenden, während sie ihn [sonst] gleichsam zum Spotte an die Decke des scheinbar ihretwegen erbauten*

---

[297] So drückte sich zumindest der für Wuppertal zuständige Gebietsreferent des Rheinischen Amtes für Denkmalpflege aus, als er den "Bestand Ottenbruch" am 15. April 1985 in die Wuppertaler Denkmalliste eintrug.

[298] Wulff, S. 20.

Abb. 53: Die zweite Bahnsteigüberdachung Ottenbruchs. Photo: Rolf Löckmann (Slg.: M. Metschies).

Glaspalastes blasen, um dort alles zu beschmutzen und zu verdunkeln." [299] Wulff glaubte, daß eine architektonische Durchbildung einer derartigen Halle nicht möglich sei: hier werde nicht nach Funktionen unterschieden, sondern man zwänge *"alle Zwecke in unnatürlicher [...] Weise unter einen Hut"*, erklärte er[300] und ließ seinem Spott freien Lauf. So schrieb er über den Bahnhof der Niederschlesisch-Märkischen Bahn in Berlin: *"Wer vermutet hinter dem riesigen Giebel des [...] Bahnhofs mit seinen Kirchenfenstern eine Unterfahrt, oder eine Art bequem zu passirender Wagenschuppen und nicht vielmehr einen grossartigen Festsaal [...]. [W]ürde dieser Giebel nicht sogar eine Basilika repräsentiren können [?] Aber das Keuchen der Locomotive hinter demselben und der Dampf, der durch das präsumtive Kirchendach schlägt, zerstört die fromme Illusion und setzt eine grosse Theatercoulisse an deren Stelle."* [301]

Nach dieser heftigen Kritik Wulffs an jenen übertriebenen Konstrukten zurück zu den schlichteren Holzkonstruktionen am Bahnhof Ottenbruch. Abbildung 54 zeigt das letzte Photo, das 1981 vor dem Rückbau des Perrons gemacht wurde. Auch Bahnsteigüberdachungen versuchte Wulff nach ihrem Zweck und ihrer Funktion zu gestalten. Die einzelnen Bauelemente sollten so gestaltet sein, daß sie den Zweck des Baus charakterisierten.

Hauptkonstruktionsteile waren in Ottenbruch jene parallel zu den Gleisen aufgestellten Holzträger. Durch ihr reiches Schnitzwerk war den Trägern eine regelmäßig

---

[299] a.a.O., S. 21
[300] Vgl. a.a.O., S. 22.
[301] a.a.O.

Abb. 54: Das letzte Photo vor dem "Rückbau" von Ottenbruchs Holzperron (Photo d. Rheinischen Amtes für Denkmalpflege von 1981).

wiederkehrende Säulenform gegeben worden. Die "Holzsäulen" waren so gestaltet, daß sie eine gußeisernen Säule imitierten.

Die Säulen und die verschiedenen ineinander in Dreiecksform verzapften Holzelemente trugen nicht nur das Dach des Perrons oder der äußeren Wartehalle, die hölzernen Ornamente wiesen auch immer wieder auf die zu tragende Last hin.[302] Der Mittelpunkt des Dach- und Kreuzbinders schließt mit einer Rundung in Form eines doppelten Tropfens. Insgesamt wurde versucht, dem Material seinen "eckigen", "hölzernen" Charakter zu nehmen, indem immer wieder "weiche" Halbrunde die Binder bestimmten.

Nach Aussage der Bundesbahndirektion ist die erforderliche Instandsetzung der Bahnsteigüberdachung jahrelang vernachlässigt worden, da lange Zeit die Elektrifizierung der Strecke geplant war und die Strecke dann nur dem Güterverkehr gedient hätte. Wäre dieser Plan durchgeführt worden, wäre die Überdachung wohl bereits früher vollends beseitigt und vergessen worden. Erst seit Ende 1980 ist entschieden, daß hier der Personenverkehr erhalten bleibt und eine Elektrifizierung nicht stattfindet.

1981 wurde dennoch der Rückbau des Perrons beschlossen, angeblich um die Konstruktion vor dem Einsturz zu bewahren. Die Reste der reich verzierten Kopfbänder, Dach- und Holzbinder sind heute nur noch unter dem verlängerten Dach des ehemaligen Wartesaals der ersten und zweiten Klasse zu finden, von Wulff als Wartehalle deklariert (Abb. 55 unten).

---

[302] Vgl. Abb. 59.

Abb. 55, oben: Nordseite des Gebäudes, Trakt der ehemaligen Güter- und Lagerräume. Photo: Rolf Löckmann (Slg. M. Metschies).

Abb. 55, unten: Wartehalle vor dem ehemaligen Wartesaal 1. und 2. Klasse. Photo d. Verf., September 1986.

Abb. 56: Fliesenschriftzug auf dem Bahnsteig des Bahnhofs Mirke. Photo d. Verf., September 1986.

Die Abbildung 55 (oben) zeigt dieselbe Konstruktion unter dem verlängerten Dach vor dem ursprünglich für die Güterräume vorgesehenen Trakt. Der ehemalige Wartesaal beherbergt heute die Gäste der Gaststätte "Bahnhof Ottenbruch", und die Gäste nutzen die ehemalige Wartehalle als Terrasse. Die einstige Bahnsteigüberdachung war der unterschiedlichen Breite des Bahnsteigs, der zwischen 10 und 14 Metern breit ist, angepaßt. Ähnlich wie am Bahnhof Mirke heute noch, war auch der Bahnsteig Ottenbruchs mit ockerfarbenen, glasierten, quadratischen Fliesen bedeckt, die farblich mit den gelblichen Ziegeln des Gebäudes korrespondier(t)en. Vor dem ehemaligen Wartesaal erster und zweiter Klasse sind sie heute noch zu sehen. Auf dem Bahnsteig Mirke hat man mit schwarz glasierten Fliesen den Stationsnamen "Elberfeld-Mirke" auf den Bahnsteig gelegt (Abb. 56). Während in Mirke noch der gesamte Bahnsteig so "geschmückt" ist, finden sich davon in Ottenbruch nur noch Reste.

9. DER BAHNHOF OTTENBRUCH
IM GEFÜGE DER STADT

Ein Bahnhof fördert die Industrieansiedlung

Zehn Jahre bevor die Rheinische Eisenbahngesellschaft die Erlaubnis erhielt, die Strecke Düsseldorf – Hörde zu bauen, war die Gegend, in der heute der Bahnhof Ottenbruch steht, dünn besiedelt, ja als ländlich zu bezeichnen. Die Stadt Elberfeld hatte sich noch nicht so ausgedehnt, wie es nach der Streckeneröffnung geschehen sollte. 1863 schrieb Wilhelm Langewiesche: *"Der Weg nach Katernberg führt durch romantische Partien. Busch und Feld wechseln häufig ab, und die Höhe gewährt manche schöne Aussicht."* [303] Über die Gegend südlich des Mirker Hain heißt es: *"Die Mirke ist ein schöner, ländlicher Bezirk durch den die Chaussee von Elberfeld nach Sprockhövel [gemeint ist die Uellendahler Straße, d. Verf.] [...] führt."* [304]

Bisherige Annahmen, die REG habe ihre Trasse nach bereits vorhandenen Industrien und vorhandenen "besseren" Wohnvierteln ausgewählt, haben sich als falsch erwiesen. [305]

Die Existenz des Bahnhofs Ottenbruch bestimmte auch die wirtschaftliche Entwicklung der Umgegend. Das erste Beispiel, das die wirtschaftliche Weiterentwicklung als Folge der Errichtung von Bahnhöfen belegen soll, bezieht sich allerdings auf den Bahnhof Mirke. 1889, also zehn Jahre nach Eröffnung der Strecke, schloß die Bahn mit der Firma Lipken und Kampermann aus Beek bei Elberfeld einen ersten Vertrag. Beek lag zwar im "Einflußbereich" Ottenbruchs, die Firma mußte aber wohl Mirke bevorzugen. Diese Firma gedachte, eine Ringofenanlage auszubauen und einen Gleisanschluß zum Bahnhof Mirke zu nutzen. [306]

1907 einigte sich die Bahn mit der Firma Barmé über Bau und Nutzung eines Gleisanschlusses an den Bahnhof Ottenbruch. Dieser wurde, trotz Anwohnerprotest, an die Zinkschmelze des Industriellen Barmé an der Hohenzollernstraße, etwa 100 Meter Luftlinie vom Empfangsgebäude des Bahnhofs entfernt, gelegt. Die Grenze des Wohnviertels lag 1907 noch an der südlichen Rheinischen Straße. [307] Und weil Gottfried Barmé anscheinend im Elberfelder Rat eine Lobby hatte, setzte sich auch der Oberbürgermeister von Elberfeld, interessiert an einer industriellen Ausdehnung und Auslagerung der Fabriken aus der Stadt, für den Gleisanschluß ein. In einem Brief des Oberbürgermeisters offenbart sich Erstaunliches: *"Der Anschluss ist so zu bemessen, dass die einzelnen Zustellungen bis in das Zustellgleis mit je 14 Wagen erfolgen können.*

---

[303] Langewiesche, S. 62.

[304] a.a.O.

[305] Vgl. Meyer, Lutz-Henning: Bahnanlagen der Rheinischen und Bergisch Märkischen Eisenbahn, in: Denkmalpflege im Rheinland 1/85, Brauweiler 1985, S. 1 - 7. Im folgenden verkürzt zitiert als "Bahnanlagen".

[306] Vgl. HSTAD(K): Akte BR 1003 Nr. 2416 und 2415, bezeichnet: "Lipken/Elberfeld-Mirke 1889 und 1890", Findbuchnr. 252.03.1, Nr. der Schriftstücke 1121 und 1076. Die Seite 1 des Schriftstücks 1121 ist in Abb. 57 zu sehen.

[307] Vgl. HSTAD(K): Akte BR 1003 Nr. 3363, bezeichnet: "Gottfried Barmé 1907 - 10", Findbuchnr. 252.03.1.

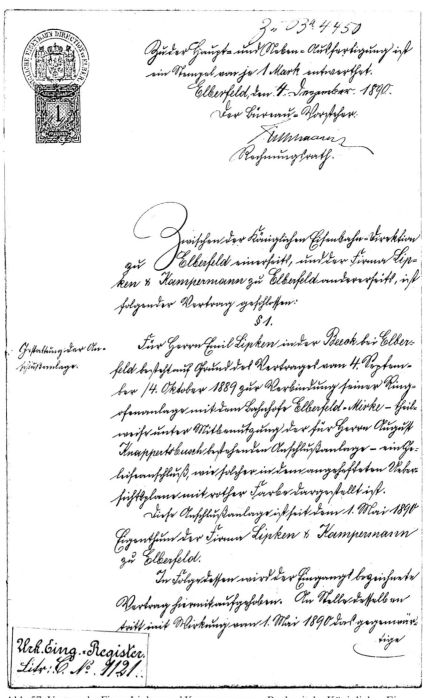

Abb. 57: Vertrag der Firma Lipken und Kampermann aus Beek mit der Königlichen Eisenbahndirektion Elberfeld von 1889.

Die Weiterbeförderung aus dem Zustellgleis in die [...] Entladegleise soll mittels Drehscheibe erfolgen, da für die Verwendung von Weichen keine genügende Länge zur Verfügung steht." [308]

Ottenbruch erhielt also bereits 1907 eine Drehscheibenweiche, sie muß eine der ersten ihrer Art gewesen sein. 1909 wird ein Plan publik, nach dem am Bahnhof Ottenbruch eine Großmarkthalle gebaut werden soll. Dieser Plan wird aber nicht ausgeführt. [309]

Auch im Umfeld der anderen neuen Rheinischen Bahnhöfe des Wupperthals profitierte die bereits bestehende ebenso wie die sich neu ansiedelnde Industrie von der neuen Strecke. Stellvertretend seien zwei Beispiele aus der Wuppertaler Wirtschaftsgeschichte genannt:

Die am 8. Januar 1869 gegründete Firma für Seifen und Glycerin, August Luhn & Co (heute Luhns GmbH), siedelte sich in Oberbarmen-Rittershausen an der Schwarzbachstraße zunächst in der Nähe des Bergisch-Märkischen Bahnhofs Rittershausen an. Der Kleinfabrikationsbetrieb, der anfangs nur Schmierseifen produzierte, nahm jedoch zwischen 1880 und 1905 einen gewaltigen Aufschwung, vergrößerte die Fabrik auf den noch heute bestehenden Gebäudezustand und entwickelte sich zur technisch fortschrittlichsten und erfolgreichsten Chemie- und Dampf-Seifenfabrik Deutschlands. [310] Der Aufschwung ist zeitlich mit der im September 1879 eröffneten Rheinischen Strecke in Zusammenhang zu setzen, da Luhn jetzt nicht nur den näher gelegenen neuen Rheinischen Bahnhof Oberbarmen (heute Wichlinghausen) nutzte, sondern sogar einen heute noch existenten, direkten Bahnanschluß erhielt. Lohoff schreibt:

"Das Originellste jedoch im Zuge aller Fabrikneubauten war der eigene Gleisanschluß an der Wichlinghauser Höhe mit zwei Drehscheiben, der direkt ins höhengleich liegende 6. Stockwerk des hinteren Hauptgebäudes führte. Hier war es möglich, gleichzeitig 12 Waggons abzufertigen. Flüssigstoffe wurden abgepumpt, Rohstoffe [...] auf Rutschen [...] weitergeleitet. Auch über Aufzüge verfügte der Betrieb schon." [311]
Auch ein erweiterter Außendienst durch erstmals eingesetzte Firmenvertreter war durch den neuen Bahnhof möglich. Mit der Fabrik wuchs auch die Bebauung entlang der Schwarzbachstraße. Der Malakowturm und weitere Teile der Firma stehen heute als Industriedenkmale unter Schutz.

Ein weiterer heute noch existierender chemischer Großbetrieb entschied sich bei der Wahl des Standortes seiner neuen Fabrikationsgebäude auch für die Nähe zur Rheinischen Eisenbahnstrecke. Den Schwelmer Bankier, Carl Dicke (1821-1895), zog es an die Westkotter Straße 46 in die Nähe des Bahnhofs Heubruch (damals "Mittelbarmen"), als er in den achtziger Jahren des letzten Jahrhunderts die Chemische Fabrik "Carl Dicke + Cie.", heute Carl Dicke & Wachs GmbH, begründete. Erstmals wird sie im

---

[308] HSTAD(K): Akte BR 1003 Nr. 3380, bezeichnet: "Stadt Elberfeld an Bhf. Ottenbruch 1907 - 1950", Nr. d. Schriftstücks: 1, Findbuchnr. 252.03.1. Im folgenden verkürzt zitiert als "Akte 3380".

[309] Vgl. HSTAD(K): Akte 3380, Jahreszahl 1909.

[310] Vgl. Lohoff, Helmut: Geschichte der Luhns GmbH (1869 - 1987), Wuppertal 1987, S. 3 - 9. Im folgenden verkürzt zitiert als "Lohoff".

[311] a.a.O., S. 11.

Abb. 58: Blick von der Nüller Straße auf die entstehenden Industrien um den Bahnhof Ottenbruch. Aus: Photodokumentensammlung des Historischen Zentrums Wuppertal. Undatiert. Vermutlich um die Jahrhundertwende.

Barmer Adreßbuch des Jahres 1889 erwähnt.[312] Dicke benötigte das damals fortschritt-lichste Transportmittel "Eisenbahn" dringend, weil die wichtigste Chemikalie, die er verarbeitete, der schwere Schwefelkies war. Der billige Frachtweg für die frachtinten-siven Schwefelverbindungen der Chemiefabrik war mit ein Garant für die gute Ent-wicklung der Firma. Am Bahnhof Heubruch wurden die flüssigen und festen Chemika-lien gelagert, abgefüllt und verladen. Der Gleisanschluß, den Dicke & Wachs heute noch am Bahnhof Heubruch nutzt und der ebenfalls von einer Streckenstillegung betroffen wäre, wurde bislang von der DB langfristig nicht garantiert.

Städtebauliche Entwicklung

Daß die Bahn ihre Trasse nicht an schon vorhandenen Industrien und Wohngebiete legte, kann auch photodokumentarisch belegt werden.

Die Abbildungen 58 und 59 zeigen die 1880 errichtete Güterhalle des Bahnhofs Ottenbruch, wobei Abbildung 58 als "Verlängerung" von Abbildung 59 aufzufassen ist. Das mit einem Pfeil gekennzeichnete Haus ist auf beiden Photos dasselbe. Der Gleisanschluß ist hier bereits im Hintergrund (hinter dem Dach der Güterhalle) zu erkennen. Das Photo muß also nach 1907 aufgenommen worden sein. An der heutigen

[312] Vgl. Jubiläumsschrift der Firma Dicke & Wachs/Wuppertal, Wuppertal 1989, S. 1. An der Simonsstraße in Elberfeld bestand mindestens seit 1902 die Chemische Fabrik von Friedrich Wachs, der bereits 1866 mit dem Kauf der Chemischen Fabrik J.P. Langerfeld, die an der Elberfelder Plateniusstraße stand, in die Annalen der heutigen Firma einging. In den Zwanziger Jahren des 20. Jahrhunderts folgte eine intensive Zusammenarbeit beider Firmen, die sich dann 1975 endgültig zusammenschlossen. Vgl. Jubiläumsschrift, S. 2 und 5.

Funckstraße stehen nur wenige Häuser. Die Katernberger Straße im Hintergrund hat ebenfalls noch ländlichen Charakter. Rechts im Vordergrund der Abb. 58 ist noch der "Garten des Inspectors" zu erkennen, daneben die Grünanlagen des Bahnhofs und das Abortgebäude.

Aus der gleichen Zeit stammt wahrscheinlich die Abb. 60. Im Vordergrund der Bahnhof Ottenbruch, ein Fabrikschlot im Mittelgrund, wiederum zeigt sich die Katernberger Höhe, nur wenig besiedelt.

Wie dicht die Rheinische Straße (die heutige Funckstraße) bebaut wurde, zeigt Abbildung 62. Das Photo muß auch vor dem Zweiten Weltkrieg entstanden sein.

Aus der Folge der Photographien ergibt sich: Die Existenz des Bahnhofs Ottenbruch bedeutete für viele Industrien das Tor zu den schnelleren Transportwegen. Also

Abb. 59: Das Tafel- und Spiegelglaslager Reeder am Bahnhof Ottenbruch. Aus: Hist. Zentrum Wuppertal. Undatiert.

Abb. 60: Das "Hinterland" des Ottenbrucher Bahnhofs. Aus: Hist. Zentrum Wuppertal, undatiert.

117

Abb. 61: Ausschnitt aus dem Grundriß des Geometers Grothaus aus dem Jahr 1849. Aus: Villa Amalia, Abb. 52.

siedelten sie sich entlang der Strecke und auch rund um den Bahnhof Ottenbruch an. Die Anlage eines sogenannten "besseren" Wohnviertels, des heutigen Briller Viertels, hat vermutlich auch mit der Nähe des Bahnhofs zu tun, der den Bewohnern größere Mobilität ermöglichte. Unser Bahnhof hatte also nicht nur städtebauliche Folgen für den Bezirk am Brill, sondern auch wirtschaftliche und damit soziale Folgen.[313]

Der Vergleich des Stadtplanes von 1849 des Geometers Grothaus (Abb. 61) mit dem, den der Geometer Leydecker 1888 aufnahm, zeigt deutlich die Entwicklung des Briller Viertels. Viele neue Erschließungsstraßen waren südlich der Katernberger

---

[313] 1904: Die Produktionsgenossenschaft Befreiung GmbH erhält einen Gleisanschluß an Ottenbruch. 1912: Privatanschluß der Metallwarenhandlung Dreyfußs sowie Anschluß der Fa. Berthold. 1913: Die Stadt Elberfeld plant Ausbau des städtischen Lagerplatz Hohenzollernstraße.

Abb. 62: Rheinische Straße (heute Funckstr.) undatiert. (Nach einer alten Postkarte, Repro: Rolf Marcus)

Straße entstanden, nördlich davon waren Laura- und Hohenzollernstraße (heute Kirsch-baum- und Bayreuther Straße) bereits angelegt. Die gestrichelten Linien lassen erken-nen, daß gar noch weitere Straßen vorgesehen waren. 1885 standen an der Katernberger Landstraße nur zehn Landhäuser.[314]

Bedeutsame Villenbauten entstanden in den achtziger Jahren im Umkreis des Bahn-hofs Ottenbruch. Genannt sei nur die Villa des Fabrikanten Albert Neuhaus, der 1881 den Bau seiner Villa Briller Straße 117 betrieb. 1883, also vier Jahre nach Inbetriebnah-me der Bahnstrecke, wurde sein Haus, das heute unter dem Namen "Villa Amalia" jeder Wuppertaler kennt, vollendet.[315]

Auch zum Bahnhof Mirke wuchs die Stadt hinauf! Zwei gerade verlaufende Straßen – die Neue Nord- und Neue Friedrichstraße – wurden teils von der Stadt Elberfeld, teils von der REG vom Neumarkt beziehungsweise vom Rathaus direkt bis zum Bahnhof Mirke gebaut. Von der mächtigen Bahnhofsvorplatztreppe blickt man heute auf die Kreuzkirche und die Spitze des Rathausturms. Der Blick läßt das von Wulff und Langewiesche beschriebene Panorama erahnen. Reich gegliederte, stuckverzierte Fassaden – wie in der Neuen Friedrichstraße – bestimmen heute das Bild der gesamten Elberfelder Nordstadt. Ottenbruch wie Mirke liegen inmitten der Stadt, mitten in Wohngebieten. Wegen ihres Anteils an der industriellen Entwicklung des Wuppertals sollte man Ottenbruch wie Mirke im Sinne Webers als *"industrie-archäologische*

---

[314] Vgl. Villa Amalia, S. 70.
[315] Vgl. a.a.O., S. 33 - 56.

119

Abb. 63: Talblick vom Bahnhof Mirke, Photo d. Verf.,
September 1986.

Denkmale des Verkehrswesens"[316] erhalten.

Der Aufwärtstrend, den Elberfelds Industrie in den neunziger Jahren des letzten Jahrhunderts erlebte, sorgte auch für zahlreiche Aktivitäten im Straßenbahnbau. In der Zeit von 1895 bis 1908 wurden neun verschiedene Strecken für Straßenbahnen gelegt, die das Tal durchzogen oder mit den Nachbarstädten verbanden. Dabei waren die Bahnhöfe der Rheinischen oder Bergisch-Märkischen Linie beliebte Haltepunkte.[317]

Der bekannte Kölner Stadtplaner Joseph Stübben entwarf 1890 mit seinem Werk "Der Städtebau"[318] im Grunde einen Ideal- und Musterstadtplan seiner Zeit. Es ist bemerkenswert, daß die Strecke der REG zwischen Düsseldorf und Hörde in vielen Punkten seiner Theorie, seinen Empfehlungen und Modellen entsprach. So wurden in Barmen und Elberfeld Güter- und Personentransporte im Sinne Stübbens auf einer Bahnhofsanlage getrennt abgewickelt, das heißt, es gab ursprünglich keinen speziellen Güter- oder Personenbahnhof.[319]

Kritisierend schrieb Stübben: *"Die Anlage großer Personenbahnhöfe [...] innerhalb des bebauten städtischen Weichbildes ist sowohl für die Eisenbahn, als auch für die Stadt mit schwer wiegenden Nachtheilen verknüpft. Die Eisenbahn muß sehr hohe Grunderwerbs- und Baukosten aufwenden und zugleich auf die Leichtigkeit der Ausdehnung und Entwicklung verzichten. Die Stadt leidet durch die Unterbrechung oder langen, tunnelartigen Unterführung ihrer Verkehrsstraßen; an vielen Orten sitzen die Bahnhofsanlagen wie ein fremder Keil im Fleische der Stadt, [...]."*[320]

Die Strecke der REG konnte nie als solcher Keil empfunden werden. Die Eisenbahngesellschaft baute die Trasse "auf die grüne Wiese". Dank der Bandstruktur der Städte Elberfeld und Barmen konnten die Riesenden an die Stadtkerne herangeführt werden. Vorbildlich, im Sinne von Stübben, paßte sich die REG auch der Topographie an. Um eine Beeinträchtigung der Stadterweiterung zu verhindern, waren für den Kölner

---

[316] Föhl, S. 14.

[317] Vgl. Cappel, Herbert: Schienenwege von Elberfeld nach Solingen und Remscheid, in: Bergische Blätter Nr. 19, 9. Jg., 20. September 1986, Wuppertal 1986, S. 11 - 13.

[318] Vgl. Kapitel 2 dieser Arbeit.

[319] Vgl. Stübben, S. 214.

[320] a.a.O., S. 215.

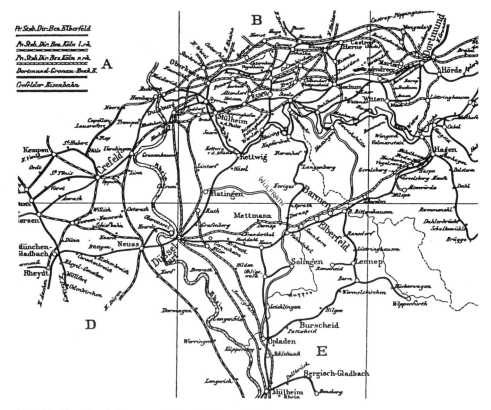

Abb. 64: Das Eisenbahnnetz zwischen Rhein und Ruhr von 1882 -1905. Aus: Maedel, S. 98.

Stadtbaumeister in hügeligen Städten Über- und Unterführungen, Viadukte und Tunnel unumgänglich. Bahn- und Straßentrassen wurden so voneinander gelöst.[321] So geschah es auch im Wuppertal.

Zeitgenössische Kritik zugunsten der Rheinischen Strecke

Eine Serie von Photos soll im folgenden die noch erhaltenen Hochbauten an der Rheinischen Strecke zwischen Wichlinghausen und Mettmann dokumentieren. Dieser Streckenteil wurde am 1. Februar des Jahres 1879 der Öffentlichkeit übergeben.[322] Im Mai desselben Jahres konnte die Deutsche Bauzeitung bereits von der Fertigstellung der Strecke Hörde – Hagen berichten.[323] Die fehlenden Verbindungsstücke Hagen – Wichlinghausen und Düsseldorf – Mettmann kamen im September 1879 dazu. Die ab 1879 eingeleitete schrittweise Verstaatlichung der REG-Strecken betraf am 1. April

---

[321] Vgl. a.a.O., S. 216.
[322] Vgl. HSTAD(K): Akte Nr. 225, Schriftstück Nr. 1119.
[323] Vgl. Deutsche Bauzeitung, No. 55, 1879.

121

1883 auch unsere Strecke. An diesem Tag fiel die Strecke Düsseldorf – Hörde in den Verwaltungsbereich der Königlichen Eisenbahndirektion (rechtsrheinisch). Die Verwaltung unterstand dem Staat, die Gewinne flossen noch bis zum 1.Januar1886 (endgültige Verstaatlichung der REG) den Aktionären zu.[324]

Mit dieser Strecke hatte die REG 1879 einen direkten Anschluß zu den damals neuen Hoesch'schen Stahlwerken bei Dortmund und zum Hoerder Hüttenverein geschaffen. Gleichzeitig waren Industrien an Wupper und Ennepe angeschlossen. Als der bekannte Stadtplaner Stübben ein Jahr nach Eröffnung der Rheinischen Strecke von einer Tagung des Architektenvereins in Berlin nach Hause reiste, benutzte er diese neue Linie und beschrieb sie begeistert. Schon Stübben wunderte sich, daß Elberfeld und Barmen *"im unmittelbaren Zusammenhange der schmalen Sohlen und Gehänge des Wupperthals auf einer Länge von etwa einer Meile [...] für ihre fast 200.000 Einwohner nicht weniger als zehn Bahnhöfe"*[325] besaßen. Fünf bergisch-märkische Bahnhöfe, fünf rheinische Bahnhöfe. Letztere *"bestreich(en) die unregelmässigeren und weniger bewohnten nördlichen Berglehnen."*[326]

Während Stübben der Bergisch-Märkischen Eisenbahngesellschaft Verbesserungen ihrer Anlagen, ausgelöst durch die neue Konkurrenz, bescheinigt, allerdings mit dem ausdrücklichen Hinweis, *"lobende Worte können die [neuen Empfangsgebäude] in architektonischer Hinsicht jedoch nicht beanspruchen"*,[327] ist er über die Rheinische Strecke voll des Lobes: *"Auf der neuen, dem Abtheilungs-Baumeister Hövel unterstellt gewesenen rheinischen Bahnstrecke hat sich dagegen die liebevollste Sorgfalt auf Unterbau und Hochbau gleichmäßig erstreckt. Von der westlichen Station Elberfeld-Ottenbruch bis zum östlichen Bahnhofe Oberbarmen ist die ganze Bahn fast ein "Kunstbau". Zahlreiche Wegebrücken über und unter der Bahn, die langen, prächtigen Viadukte in Barmen und mehrere Tunnel wechseln miteinander ab. Die Stationsgebäude zeigen einen phantasie- und farbenreichen Fachwerkbau in gothischen Formen mit Terrassen und Hallen von malerischer Wirkung. Gemusterte Ziegelfüllungen, mehrfarbige Schieferbekleidungen an den vom Schlagregen getroffenen Seiten, die Profilierung, Bemalung, Ornamentierung der Holztheile bieten ein fast übertrieben wechselvolles Bild; jede Station ist mit einer hölzernen Perronhalle, theilweise in Kurven liegend, und mit einem flott durchgebildeten Abortsgebäude ausgestattet, die sich der Wirkung des Ganzen vorzüglich anschließen [...] alles dies auf der einen Seite und die wenigstens vorläufig sehr geringe Frequenz der Strecke auf der anderen Seite scheinen fast den Ausspruch jenes Kollegen zu rechtfertigen, welcher der Rheinischen Bahn aus dem Grunde vor den anderen den Vorzug ertheilte, weil dieselbe neue Strecken baue nicht allein um Geld zu verdienen, sondern auch um der Verschönerung der Gegend willen!"*[328]

---

[324] Vgl. HSTAD(K): Akte BR 1003 Nr. 411, bezeichnet "Übernahme der rechtsrheinischen Strecke Düsseldorf - Hörde in den Verwaltungsbezirk der kgl. Eisenbahndirektion Elberfeld 1883", Schriftstücke nach Daten geordnet, Schriftstück vom 1. April 1883. Findbuchnr. 252.03.2.

[325] Von Berlin nach Brüssel, S. 196.

[326] a.a.O.

[327] a.a.O.

[328] a.a.O., S. 196 f.

Abb. 65: Der heutige Bahnhof Wichlinghausen. Photo d. Verf., September 1986.

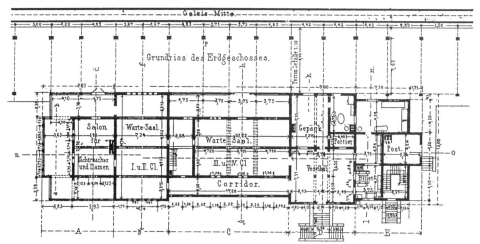

Abb. 66: Grundriß des ehemaligen Bahnhofs Oberbarmen (heute Wichlinghausen), der ebenso wie Mittel- und Unterbarmen den Angriffen der Alliierten von 1943 zum Opfer fiel. Aus: Wulff, Bildtafel 6, Figur 6.

Viadukte und Tunnel

Der Nachfolger (Abb. 65) des rheinischen Bahnhofs Wichlinghausen, der, wie auch der Bahnhof Heubruch am 30. Mai 1943 einem britischen Bombenangriff zum Opfer fiel,[329] ist nicht gerade "eine Schönheit". Die Brücken und Tunnelportale der ehemaligen Rheinischen Strecke dagegen, die das heutige Stadtbild Wuppertals prägen, sind alle verschiedenartig gestaltet und wurden geradezu elegant in die Landschaft eingefügt. Michael Metschies schreibt begeistert: *"Hoch über dem Häusermeer schwingen sich steinerne Viadukte über die Schönebecker, die Carnaper, die Westkotter und die Wichlinghauser Straße hinweg (und überbrücken damit Taleinschnitte zwischen den*

Abb. 67: "REG" – die Abkürzung für Rheinische Eisenbahngesellschaft, festgehalten in steinernen Medaillons. Photo des Verf., August 1989.

Kalkplateaus) – Bauwerke wie aus einem Modell-Steinbaukasten der Jahrhundertwende herbeigezaubert!" [330]

Der (oder die) Baumeister der Viadukte sind in Vergessenheit geraten, und daß Eberhard Wulff auch die Brücken und Viadukte plante und baute, muß nur Vermutung bleiben.[331] Der Grund dafür liegt sicherlich auch in der Tatsache, daß in der Zeit von 1873 bis 1879 (der einzig möglichen Bauzeit der Viadukte) Eisenbahnbrücken mit Vorliebe aus Eisen oder kombiniert aus Eisen/Stein gebaut und als technische Neuheiten gefeiert wurden.[332] Fest steht nur, daß das Viadukt an der Schönebecker Straße 1877 fertiggestellt wurde. Die Eisenbahngesellschaft verewigte an diesem Viadukt mit je einem steinernen Medaillon nicht nur die Buchstaben 'REG', sondern auch die Jahreszahl '1877' (Vgl. Abb. 67/68). Das Viadukt an der Schönebecker Straße gehört zu den schönsten Wuppertaler Eisenbahnbrücken, auch deshalb, weil die Gleisführung den Brückenkonstrukteur an dieser Stelle zwang, einer Kurve zu folgen, so daß die Brükke nicht gerade über die Schönebecker Straße führt, sondern selbst eine leichte Krümmung aufweist.

Ohne Zweifel haben die 'Wupperthaler' Viadukte der REG ihr Vorbild in dem Aachener-Burtscheider Viadukt der gleichen Eisenbahngesellschaft gefunden. Dieses imposante, 350 Meter lange Brückenbauwerk an der Strecke Köln-Aachen-Antwerpen, bestehend aus einer Bogenreihe aus hartgebrannten Ziegeln mit insgesamt 34 halbkreisförmigen Bögen unterschiedlicher Weite, wurde in der Zeit von 1838 bis 1841 von Oberingenieur Pickel (Entwurf) und Eisenbahningenieur Witfeld (Ausführung) geschaffen.[333] Verfasser der 'Wupperthaler' Viaduktpläne könnte auch der eisenbahneigene Ingenieur Emil Hartwich sein, der während der möglichen Planungs- und

Abb. 68: 1877 wurde dieses Viadukt an der Schönebecker Straße fertiggestellt, wie diese in Stein gehauene Jahreszahl belegt. Photo des Verf., August 1989.

---

[329] Vgl. Heßler, S. 96. Außerdem vgl. Beseler, Hartwig/Gutschow, Niels: Kriegsschicksale deutscher Architektur. Bd. 1: Nord, Stichwort 'Wuppertal', Neumünster 1988, S. 743 - 754.

[330] Metschies, S. 34.

[331] Vgl. Kap. 6 zur Biographie Wulffs.

[332] Vgl. Pottgießer, Hans: Eisenbahnbrücken aus zwei Jahrhunderten, Basel/Boston/Stuttgart 1985, S. 107 - 282. Im folgenden verkürzt zitiert als "Pottgießer".

[333] Vgl. Pottgießer, S. 32/33.

Abb. 69: Die Eisenbahnbrücke über die Schwarzbach (Vgl. das Titelbild). Aufnahme von 1890. Aus: Photodokumentensammlung des Historischen Zentrums Wuppertal.

Abb. 70: Die Schwarzbachbrücke im Jahre 1907. Die eiserne Hängebrückenkonstruktion ist bereits durch eine stählerne Wannenkonstruktion ersetzt. Aus: Photodokumentensammlung des Historischen Zentrums Wuppertal.

Abb. 71: Der Viadukt an der Wichlinghauser Straße. Aus: Photodokumentensammlung des Historischen Zentrums Wuppertal.

Abb. 72: Viadukt am Steinweg. Photo d. Verf., September 1986.

Abb. 73: Brücke am Haltepunkt Dorp. Im Hintergrund der Eingang des Teschtunnels. Photo d. Verf., September 1986.

Bauzeit in Diensten der REG stand. Von 1860 bis 1864 hatte Hartwich im Auftrag der Rheinischen Eisenbahngesellschaft die Rheinbrücke zwischen Koblenz und Pfaffendorf – eine Kombination der Stoffe Eisen und Stein – geplant.[334] Viadukte, die in den siebziger Jahren des letzten Jahrhunderts 'nur aus Stein' gebaut wurden, rückten wohl nicht so sehr ins Licht der Öffentlichkeit, wie die 'sensationellen' Brücken aus Eisen.

Lutz Henning Meyer wies darauf hin, daß einer der bekanntesten und größten Tunnelbaumeister des 19. Jahrhunderts mit der "rheinischen" Strecke zwischen Düsseldorf und Hörde in Verbindung gebracht werden muß. Kein anderer als der österreichische Ingenieur Franz von Rziha hat die Wuppertaler Tunnel verantwortet und geplant.[335] Von Rziha, im 19. Jahrhundert der "Tunnelbau-Papst", hat sich auch theoretisch mit den beim Tunnelbau auftretenden ingenieurwissenschaftlichen Problemen in seinem grundlegenden "Lehrbuch der gesamten Tunnelbaukunst" (2 Bände, 1866-72) beschäftigt.

Schon die Zeitgenossen würdigten Rzihas Werk, und der Brockhaus von 1898 liefert folgende Kurzbiographie:

"Rziha [...], Franz, Ritter von, Ingenieur und Specialist auf dem Gebiete des Tunnelbaus, geboren am 28. März 1831 zu Hainspach in Böhmen, studierte am Polytechnikum zu Prag, wirkte 1851 beim Bau der Semmeringbahn mit, nahm seit 1852 am Bau der Karstbahn teil und wurde 1856 zum Bau des Tunnels Czernitz in Schlesien

---

[334] Vgl. Hochbauten, S. 98 - 100.
[335] Vgl. Bahnanlagen, S. 1 - 7.

Abb. 74: Der Bahnhof Loh an der Rudolfstraße, einst eine "Vergnügungsstation". Sein Fachwerk ist zum Teil durch Eternit verborgen. Photo d. Verf., September 1986.

Abb. 75: Das Fachwerk an der Ostseite des Bahnhofs Mirke und vor allem das liebevoll ausgeführte Schnitzwerk an den Fensterrahmen und am Balkon lassen die verworfenen Wulffschen Pläne vergessen. Photo d. Verf., September 1986.

Abb. 76: Die farbige Ziegelausfachung, ein mit gelblichen Keramikfliesen überzogener Bahnsteig oder die teils gußeisernen Ornamente an dem zum Teil noch erhaltenen Perron – der Bahnhof Mirke ist auch heute noch attraktiv. Photo d. Verf., September 1986.

Abb. 77: Der Bahnhof Ottenbruch. Der obere Gebäudeteil wurde nachträglich verschiefert. Die Grenze zwischen farbiger Ausfachung und dem Schiefer zeugt von der ehemaligen Höhe des jetzt zurückge- bauten hölzernen Perrons. Photo d. Verf., September 1986.

Abb. 78: Gußeisernes "Gebälk" an der
zweiten Bahnsteigüberdachung des Bahnhofs Mirke. Photo d. Verf., Sept. 1986.
Heute existiert dieses Schmuckstück nicht
mehr. Im Jahre 1989 hat die Bundesbahn
diese 1986 noch äußerst stabile Überdachung abgerissen. Es sei an dieser Stelle
festgehalten, daß das Baudenkmal Mirke
von seinem Besitzer, der DB, wenig gepflegt wird. Von 1986 (Entstehung dieser
Arbeit) bis 1990 (Veröffentlichung) ist der
Bahnhof Mirke in erschreckendem Maße
verkommen. Die Bundesbahn, die stets als
gutes Wirtschaftsunternehmen anerkannt
werden möchte, sollte, indem sie ihre
Baudenkmale instand hält, auf das achten,
was jedes wirklich beachtliche Wirtschaftsunternehmen hegt und pflegt – das gute
Image.

Abb. 79: Hölzernes Relikt am Perron des Mirker Bahnhofs. Foto: Rolf Löckmann (Slg. M. Metschies).

Abb. 80: Dach der Perronhalle am Mirker Bahnhof. Photo: Rolf Löckmann (Slg. M. Metschies).

Abb. 81: Hölzerne Säulen trugen den Perron in Mirke und Ottenbruch – so geschnitzt und gestrichen, als seien sie aus Gußeisen. Photo: Rolf Löckmann (Slg. M. Metschies).

Abb. 82: Der Bahnhof Wuppertal-Ottenbruch. Photo d. Verf., Sept. 1986.

berufen. Seit 1858 als Unternehmer bei dem Bau der Ruhr-Siegbahn in Westfalen tätig (Deuz-Gießen), wirkte er seit 1861 als Abteilungsingenieur beim Bau der braunschweigischen Linien Kreiensen-Holzminden und Braunschweig-Helmstedt. [...] [Er] wurde 1866 in den braunschweigschen Staatsdienst als Oberbergmeister berufen, verwaltete als solcher die fiskalischen Kohlengruben und kehrte nach deren Verkauf 1870 nach Österreich zurück. Er tracierte umfangreiche Eisenbahnlinien in Böhmen, Sachsen und Preußen, wurde 1874 als Oberingenieur in die Dienste des österreichischen Handelsministeriums und 1878 als Professor des Eisenbahn- und Tunnelbaus an die Technische Hochschule zu Wien berufen. [...]"[336]

1883 erfolgte seine Erhebung in den Adelsstand. 1860 wandte Rziha zum ersten Mal den in der Folgezeit weit verbreiteten Ausbau der bergmännischen Stollen mit Eisenschienen an. Im Jahre 1861 führte er das nach ihm benannte Tunnelbausystem in Eisen in die Praxis ein. Franz von Rziha veröffentlichte seine Erfahrungen in dem Buch "Die neue Tunnelbauweise in Eisen, angewandt vom Ingenieur Franz Rziha bei den Tunnelbauten zu Raensen und Ippensen auf der Herzoglich Braunschweig-Holzmindener Eisenbahn."

---

[336] Brockhaus, F.A. (Hrsg.): Brockhaus Konversations-Lexikon, 14. Auflage, Band 14, Leipzig/Berlin/Wien 1898, S. 115. Weitere Schriften von Franz von Rziha:
 1. Die neue Tunnelbaumethode in Eisen (1864);
 2. Eisenbahn-Unter- und Oberbau (3 Bde, Wien 1876);
 3. Der englische Einschnittsbetrieb (1872).

Abb. 83. Der Bahnhof Dornap-Hahnenfurth (Gleisseite) von Eberhard Wulff. Die ehemals eigenständigen Dörfer Dornap und Hahnenfurth sind heute Stadtteile von Wuppertal. Wulff konnte hier einen farbigen Ziegelbau ausführen. Photo d. Verf., September 1986.

Abb. 84: Der Bahnhof Mettmann. Photo d. Verf., September 1986.

Abb. 85: Eigentlich sollte der Bahnhof Mettmann nach dem Willen seines Erbauers, Eberhard Wulff, aus dem bläulich-weißen Kalk- und Marmorgestein der Umgebung gebaut werden. Da aber in Elberfeld und Barmen keine Massivbauten zur Ausführung kamen, entschied sich die REG, um ihre Ziegelei rentabel arbeiten zu lassen, auch Mettmann und Neanderthal als Ziegelrohbau auszuführen. Später erst wurde die Fachwerk-Gaststätte an das Empfangsgebäude angebaut. Interessant: auch um den Bahnhof Mettmann entstand ein Villenviertel. Die neue Mobilität zog augenscheinlich auch hier vermögende Bauherrn an. Photo d. Rheinischen Post, Mettmann.

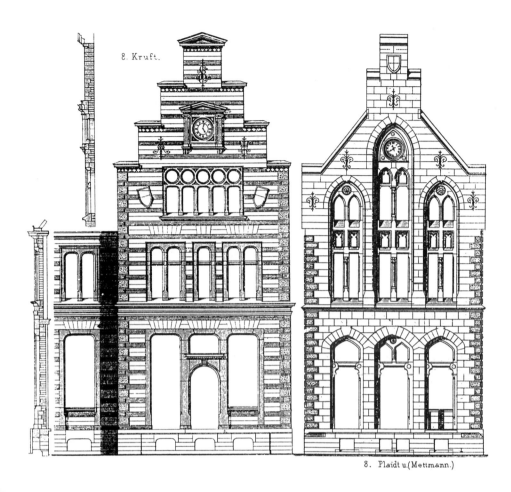

8. Kruft.

8. Plaidt u.(Mettmann.)

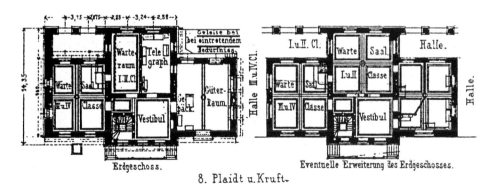

Erdgeschoss.

Eventuelle Erweiterung des Erdgeschosses.

8. Plaidt u. Kruft.

Abb. 86: Die Bahnhöfe Mettmann, Plaidt und Kruft. Teil der Vorderansicht und Grundrisse des Erdgeschosses. Während Mettmann in dieser Form nicht zur Ausführung kam, wurden die Bahnhöfe von Plaidt und Kruft so gebaut. Entwürfe von Eberhard Wulff. Aus: Wulff, Bildtafel 4, Figur 8, Bildtafel 5, Figur 8 und Bildtafel 9, Figur 8.

Abb. 87: Zweifarbig gehaltenes ehemaliges Lampen- und Toilettenhaus neben dem Mettmanner Bahnhof, das ursprünglich einmal als Beamtenwohnhaus gedacht war. Photo der Rheinischen Post Mettmann vom 22. August 1989 (hier, ebenso wie Abb. 85, veröffentlicht mit freundlicher Genehmigung der Mettmanner RP-Redaktion).

Von Rziha starb am 23. Juni 1897 in Wien. Sein Wirken findet auch heute noch Anerkennung und Erwähnung.[337] In Theorie und Praxis hatte sich der österreichische Ingenieur in der Hauptsache mit dem belgischen Tunnelbausystem befaßt, das mit unserer Strecke in Zusammenhang gebracht werden muß. Bei diesem System wird die obere Profilhälfte des Tunnel zuerst herausgebrochen. Das Gewölbe wird eingespannt und danach das Widerlagermauerwerk als Unterfang hergestellt.

Im Jahre 1854 wurde das in den dreißiger Jahren des 19. Jahrhunderts entwickelte Verfahren durch von Rziha entscheidend verbessert.[338]

Einfluß auf die Wuppertaler Tunnel nahmen sicherlich auch Rzihas damals neuste Forschungen in Bezug auf die Entwässerung des Tunnelmauerwerks von 1869. Um das Auswaschen des Mörtels und das Zerfrieren des Steinmaterials zu vermeiden, aber auch, um das Bett des Gleiskörpers trocken zu halten, entwarf er erstmals spezielle Entwässerungskanäle für Tunnel.[339]

Zwischen 1877 und 1879 wurden der Rott-Tunnel (350 Meter lang), der Tesch-Tunnel (527 m), der Engelberg-Tunnel (160 m), der Darrenberg-Tunnel (170 m) und

---

[337] Vgl. Meyers Enzyklopädisches Lexikon, Bd. 23, S. 831, Mannheim 1981.
[338] Vgl. Meyer/150 Jahre..., S. 172.
[339] Vgl. Rziha, Franz von: Die Entwässerung des Tunnelmauerwerks. In: ZBV 1869, S. 316ff. Vgl. auch Meyer/150 Jahre..., S. 173.

der Vetlok-Tunnel (80 m) auf Wuppertaler Gebiet in dieser Bauart ausgeführt. Alexander Menne wählte diese Methode wahrscheinlich deshalb, weil er mit dem Altmeister des Tunnelbaus Rziha persönlich bekannt war. Schon mit der tunnelreichen Strecke Deuz – Gießen (1856-1861) hatte sich Alexander Menne Verdienste erworben.

Die mögliche Zusammenarbeit zwischen Eberhard Wulff und Franz von Rziha während des Baus der Eisenbahnstrecke Holzminden-Kreiensen wurde bereits erwähnt. Wer nun wen mit Alexander Menne zusammenführte, ist jedoch nicht bekannt.

Festzuhalten bleibt, daß die Tunnel der Rheinischen Linie Düsseldorf – Hörde von dem wohl wichtigsten Tunnelbauer des 19. Jahrhunderts errichtet wurden. Diese Tatsache steigert natürlich auch den Denkmalwert der baulichen Anlagen.[340] Die bemerkenswerte Strecke hat auch heute noch nichts von ihrer Schönheit eingebüßt.

---

[340] Vgl. Bahnanlagen, S. 6f.

10. SCHLUSSBEMERKUNG

S ozialgeschichtliche, städtebauliche, wirtschaftshistorische, eisenbahnhistorische und nicht zuletzt kunst- und architekturgeschichtliche Aspekte sollten in dieser Arbeit zeigen, daß die Bahnhöfe Ottenbruch und Mirke ebenso denkmalschutzwürdig sind wie die gesamte Rheinische Strecke mit ihren Viadukten und Tunnel.

Die Existenz der Bahnhöfe Ottenbruch und Mirke förderte einst das Wachstum der Bezirke Katernberg und Mirke. Diese Bahnhöfe zogen Fabriken (und damit Arbeitsplätze) nach sich und steigerten auch die Mobilität der Bewohner.

Die Denkmalwürdigkeit der Objekte erhöht sich dadurch, daß bedeutende Ingenieure und Architekten an dieser Strecke und ihren Bahnhöfen mitgearbeitet haben, so Alexander Menne, Abteilungsbaumeister Hövel, Eberhard Wulff, Joseph Seché und Franz von Rziha. Die wechselvolle Planungs- und Baugeschichte dieser Strecke und ihrer Hochbauten bildet einen unverzichtbaren Teil der Wuppertaler Stadtgeschichte und einen wertvollen Mosaikstein der lokalen Architekturhistorie.

Eberhard Wulffs Bahnhofsbauten sollten keine Fremdkörper im Wuppertal werden. Sie sind der Landschaft auf beachtliche Weise angepaßt und bereichern sie. Noch ein Jahrhundert später sind die Wuppertaler voll des Lobes, wenn es um die Bahnhöfe Mirke oder Ottenbruch geht – so liest und las man in der Lokalpresse. Von einer "Nostalgie-Eisenbahn-Strecke" und einer "pittoresk-gemütlichen Linie" ist in Zeitungsartikeln von 1978 die Rede, einer Linie, der man "ruhig den sonntäglichen Ausflug samt Kind und Kegel" widmen könne. "Herrliche Holzarchitektur", "wunderbare (gastronomische) Stationen" und nicht zuletzt noch einen herrlichen Blick auf das Tal "aus ungewöhnlicher Perspektive" biete diese "liebenswerte, erhaltenswerte Eisenbahnstrecke."[341]

---

[341] Vgl. Voss, Udo: Der Steinschlag ist passé. In: NRZ, Lokalteil Wuppertal, 7. September 1978.

Abb. 88: Mirke, Stationsgebäude der Rheinischen Eisenbahngesellschaft, von der Stadtseite. Aufgenommen zu Beginn der achtziger Jahre kurz nach der Eröffnung der Strecke. Der Weg im Vordergrund dürfte der heutigen Neuen Nordstraße entsprechen. Links das sogenannte Lampen- und Toilettenhaus der Bahnhofsanlage (Photo: Historisches Zentrum Wuppertal).

11. LITERATURVERZEICHNIS

Quellen

Folgende Akten des Hauptstaatsarchivs Düsseldorf-Kalkum dienten als Quellen:

Akte BR 1003 Nr. *225*, bezeichnet: Bahnhof Elberfeld-Ottenbruch 1875 -1884

Akte BR 1003 Nr. *411*, bezeichnet: Übernahme der rechtsrheinischen Strecke Düsseldorf-Hörde in den Verwaltungsbezirk der kgl. Eisenbahndirektion Elberfeld 1883

Akte BR 1003 Nr. *589*, bezeichnet: Mirke 1903 - 1909

Akte BR 1003 Nr. *594*, bezeichnet: Mirke 1875 - 1892

Akte BR 1003 Nr. *596*, bezeichnet: Mirke 1898 - 1903

Akte BR 1003 Nr. *798*, bezeichnet: Mirke 1878 - 1895

Akte BR 1003 Nr. *886*, bezeichnet: Bhf. Barmen-Loh 1879 - 1895

Akte BR 1003 Nr. *979*, bezeichnet: Bhf. Barmen-Heubruch 1878 - 1894

Akte BR 1003 Nr. *1154*, bezeichnet: Bhf. Harkorten

Akte BR 1003 Nr. *1680*, bezeichnet: Station Barmen-Loh 1874 - 1904

Akte BR 1003 Nr. *2415*, bezeichnet: Vertrag betr. Emil Lipken in Beek bei Elberfeld f. seine geplante Ringofenanlage an den Bf. E-Mirke 1889

Akte BR 1003 Nr. *2416*, bezeichnet: Vertrag betr. FA Lipken und Kampermann zu E. an den Bf. Mirke 1890

Akte BR 1003 Nr. *3276*, bezeichnet: Konsum- und Produktionsgenossenschaft Befreiung GmbH, E, an Bf. W-Ottenbruch 1904 -1950

Akte BR 1003 Nr. *3363*, bezeichnet: Gottfried Barmé, E, an den Bf. Ottenbruch 1907 - 1910

Akte BR 1003 Nr. *3380*, bezeichnet: Stadt Elberfeld an den Bahnhof W-Ottenbruch 1907 - 1950

Akte BR 1003 Nr. *3407*, bezeichnet: Dr. Berthold, Elberfeld, a.d. Bf. W-Ottenbruch 1910-1925

Akte BR 1003 Nr. *3792*, bezeichnet: W. Lindner, Elberfeld an Bf. Mirke 1928 - 1948

Akte BR 1003 Nr. *3912*, bezeichnet: Wuppertaler Stadtwerke AG a.d. Bf. W-Ottenbruch 1904 - 1950

Wulff, Eberhard: Die Klassische und Mittelalterliche Baukunst. In: Haarmanns Zeitschrift für Bauhandwerker, 11. Jg., 1867. (No. 2 u. 3).

Wulff, Eberhard: Praktische Anleitung zur Construction massiver Durchlässe, Unterführungen und Brücken. In: Haarmanns Zeitschrift für Bauhandwerker, 12. Jg., 1868, Heft No. 1-No. 12.

Wulff, Eberhard: Architektonische Harmonielehre, Wien 1874, Fundort: Magazin der Universitätsbibliothek Stuttgart.

Wulff, Eberhard: Das Eisenbahn-Empfangs-Gebäude nach seinen praktischen Anforderungen und seiner künstlerischen Bedeutung, Leipzig 1881, Fundort: Eisenbahnmuseum und Stadtbibliothek Dortmund.

Haarmanns Zeitschrift für Bauhandwerker, Bde. 1864 bis 1868, Holzminden.

Die Photodokumente dieser Arbeit, die als Quellen genutzt, aber z.T. hier nicht veröffentlicht werden konnten, entstammen unter anderem den Beständen der Forschungsstelle für Denkmalpflege der Bergische Universität Wuppertal, des Historischen Zentrums Wuppertal, des Stadtarchivs Schwelm, des Stadtarchivs Leverkusen, des Stadtarchivs Wülfrath, der Bildstelle des Rheinischen Amtes für Denkmalpflege, der Rheinischen Post Mettmann, dem Privatarchiv R. Bödeker (Mettmann) oder aus der angegebenen Literatur.

Sekundärliteratur

Adler, L.: Funktionalismus. In: Wasmuths Lexikon der Baukunst, Band 2, 1930.

Adreßbuch: Adreßbuch und Geschäfts-Anzeiger für den Kreis Hagen für die Jahre 1884/85, Hagen in Westfalen 1884.

Adreßbuch: Adreßbuch und Geschäftsanzeiger für die Stadt Schwelm, Schwelm 1879².

Anonym: Aus für zwei Bundesbahnstrecken, In: Westdeutsche Zeitung Wuppertal, 29.10.1982.

Anonym: Bahnhöfe sind auch Denkmäler, In: Westdeutsche Zeitung Wuppertal, 25.9.1984.

Anonym: Bahnhof bietet ein trauriges Bild, In: Westdeutsche Zeitung Wuppertal, Nr. 222, 24.9.1981.

Anonym: Bahnhofsdach wird überholt, In: Westdeutsche Zeitung, 17.8.1978.

Anonym: Bahnstrecke "Denkmal" genannt, In: Westdeutsche Zeitung Wuppertal, 23.10.1982.

Anonym: Geht wieder ein Stück Wuppertaler Geschichte verloren? In: Wuppertaler Wochenspiegel, 16/18.11.1982.

Anonym:: Legt Bundesbahn bald Strecken still?, In: Westdeutsche Zeitung Wuppertal, 14.10.1982.

Anonym: Rezension über, Rziha, Franz von: Die neue Tunnelbauweise in Eisen, o.O. : 1864. In: Haarmanns Zeitschrift für Bauhandwerker, 8. Jg. 1864, Heft No. 4.

Anspach, Ingeborg: Die räumliche Anordnung der Industrie der Stadt Wuppertal, Diss., Köln 1941.

Architektenverein Köln (Hrsg.): Köln und seine Bauten, Köln 1888.

Bandmann, Günter: Die Eisenbahn in der Kunst, Bonn 1958.

Bauckhage, Ulrich: Zum Beispiel Wülfrath (1919-49). Der Weg einer deutschen Kleinstadt durch den Nationalsozialismus, Essen 1988.

Beeck, Karl-Hermann (Hrsg.). Gründerzeit. Versuch einer Grenzbestimmung im Wuppertal, Köln 1984.

Belz, Karl Wilhelm: Eisenbahnen in der Industriellen Revolution: Ein frühes Wuppertaler Projekt, Wuppertal 1979.

Benevolo, Leonardo: Geschichte der Architektur des 19. und 20. Jahrhunderts, 2 Bde, München 1987⁴.

Bergengrün A.: David Hansemann, Berlin 1901.

Berger, Manfred: Historische Bahnhofsbauten Sachsens, Preußens, Mecklenburgs und Thüringens, Berlin (DDR) 1980.

Berger, Louis: Der alte Harkort, Leipzig 1902.

Bergius, Burkhard: Entwicklungsstrukturen der Eisenarchitektur im 19. Jahrhundert vom Brückenbau bis zum Hallenbau, In: ICOMOS (Hrsg.): Die Rolle des Eisens in der historischen Architektur des 19. Jahrhunderts. Ein Kolloquiumsbericht. Hannover 1978.

Beseler, Hartwig/Gutschow, Niels: Kriegsschicksale deutscher Architektur. Bd. 1: Nord, Neumünster 1988.

Blome, Wilhelm: Friedrich Harkort als Pionier des Eisenbahnwesens, Diss., Münster 1922.

Bömmels, Nicolaus (Hrsg.): Neuß in der rheinischen Eisenbahnpolitik bis 1870, Neuß 1953.

Bollerey/Hartmann/Tränkle: Denkmalpflege und Umweltschutz, München 1975.

Borchers, Günther (Hrsg.): Denkmalpflege im rheinischen Ballungsraum, Köln 1974.

Borchers, Günther: Die Kunstdenkmäler des Rheinlands, Düsseldorf 1974.

Bornheim, Werner (Hrsg.): Die Rolle des Eisens in der historischen Architektur der ersten Hälfte des 19. Jahrhunderts, Mainz 1979.

Brill, Joseph: Spezialgeschichte der Stadt Wiedenbrück und der Umgegend, Wiedenbrück 1913.

Brinkmann, Günther (Hrsg.): Praxis Hauptschule. Anregungen für die Gestaltung des Unterrichts, Kronberg 1977.

Brockhaus, F.A. (Hrsg.): Brockhaus' Konversations-Lexikon, 14. Auflage, 25. und 14. Band, Leipzig/Berlin/Wien 1898.

Brönner/Esser/Hetzelt/Metschies: Die Villa Amalia in Wuppertal-Elberfeld. Geschichte – Umbau – Restaurierung 1883/1979, Wuppertal 1981.

Brönner Wolfgang: Die bürgerliche Villa in Deutschland 1830 - 1890, Düsseldorf 1987

Bundesbahndirektion Wuppertal (Hrsg.): 50 Jahre Angertalbahn, Wuppertal/Flandersbach 1953.

Bundesverwaltungsgericht Berlin (Hrsg.): Sammelnachschlagewerk der Rechtsprechung des Bundesverwaltungsgerichtes (Buchholz), Berlin 1984.

Cappel, Herbert: Schienenwege von Elberfeld nach Solingen und Remscheid, In: Bergische Blätter Nr. 19, 10.9.1986, 9. Jg., Wuppertal 1986.

Claas, Wilhelm: Technische Kulturdenkmale, In: VDI-Beiträge zur Geschichte der Technik 20, Berlin 1930.

Clemen, Paul: Die Kunstdenkmäler der Rheinprovinz, Düsseldorf 1894.

Cohn, o.N.: Eisenbahnen, In: Handwörterbuch der Staatswissenschaften. 2. Auflage, Leipzig 1898.

Coutelle, Karl (Hrsg.): Elberfeld. Topographisch-statistische Darstellung, Elberfeld 1852/Wuppertal 1963.

Cuny, G: Das Empfangsgebäude der früheren Bergisch-Märkischen Eisenbahn, In: Mitteilungen des Rheinischen Vereins für Denkmalpflege und Heimatschutz, 4. Jg., Heft 2, 1910.

Dethier, Jean u.a. (Hrsg.): Die Welt der Bahnhöfe, Berlin 1980.

Deutsche Bauzeitung (DBZ): Deutsche Bauzeitung 1879 (Nr. 55) – 1881 (Nr. 57).

Dicke u. Wachs (Hrsg.): Jubiläumsschrift der Firma Dicke u. Wachs (1889-1989), Wuppertal 1989.

Dietz, Walter: Die Wuppertaler Garnnahrung. Geschichte der Industrie und des Handels von Barmen und Elberfeld 1400 - 1800. Bergische Forschungen, Bd. 4, Neustadt 1957.

Dumjahn, Horst Werner (Hrsg.): Bahnhöfe im Spiegel alter Postkarten, Hildesheim/ New York 1976.

Eibl-Eibesfeldt, Irenäus u.a.: Stadt und Lebensqualität, Wien 1985.

Evers, H.G.: Vom Historismus zum Funktionalismus, Baden-Baden 1967.

Eisenbahndirektion Elberfeld (Hrsg.): 75 Jahre Eisenbahndirektion Elberfeld, Elberfeld 1925.

Eisenbahndirektion Wuppertal (Hrsg.): 100 Jahre Eisenbahndirektion Wuppertal. Beginn und Entwicklung staatlicher Eisenbahnverwaltung in Nordwestdeutschland. 1850 bis 1950. Wuppertal-Elberfeld 1950.

Fiegenbaum, Wolfgang: Nebenbahnen in Deutschland 1970 - 1980, Köln 1976.

Föhl, Axel (Hrsg.): Technische Denkmale im Rheinland, Köln 1976.

Franke, Hermann: Der Personenverkehr Wuppertals, Diss., Köln 1932.

Fremdling, Rainer: Eisenbahnen und deutsches Wirtschaftswachstum 1840 - 1879. Ein Beitrag zur Entwicklungstheorie und zur Theorie der Infrastruktur. Untersuchungen zur Wirtschafts-, Sozial- und Technikgeschichte, Bd. 2, Dortmund 1975.

Frielingsdorf, Joachim: Zum von der Heydt-Museum Wuppertal: Von Treppenvielfalt, Johann Peter Cremer, geschichtsbewußten Architekten und einem wiederbelebten Museum. In: Polis, Nr. 1, April 1990.

Fröhlich, Martin (Hrsg.): Gottfried Semper. 1803 - 1879. Baumeister zwischen Revolution und Historismus. Katalog zur Ausstellung "Gottfried Semper zum 100.Todestag" (Dresden 1979), München 1980.

Fröhlich, Martin (Hrsg.): Gottfried Semper. Zeichnerischer Nachlaß der E(idgenössischen) T(echnischen) H(ochschule) Zürich. Ein kritischer Katalog von M.F., Basel/Stuttgart 1974.

Geisler, Hans-Günter sowie die Stadt Gerolstein (Hrsg.): Gerolstein. Schriftenreihe Ortschroniken des Trierer Landes, Bd. 19, Gerolstein 1986.

Glaser, Hermann/Neudecker, Norbert: Die deutsche Eisenbahn, München 1984.

Gesetz- und Verordnungsblatt: Gesetz- und Verordnungsblatt für das Land Nordrhein-Westfalen Nr. 22, Düsseldorf 29.3.1980.

Günther, Roland: Zu einer Geschichte der technischen Architektur im Rheinland, In: Beiträge zur rheinischen Kunstgeschichte und Denkmalpflege. Kunstdenkmäler im Rheinland, Düsseldorf 1970.

Grimm, Jacob / Grimm, Wilhelm: Deutsches Wörterbuch, Bd. 1, 1854.

Grote, Ludwig (Hrsg.): Die deutsche Stadt im 19. Jahrhundert, München 1974.

Hamm, Manfred/Föhl, Axel: Im Zug der Zeit, In: Geo magazin Nr. 8/Aug. 1984, Hamburg 1984.

Hammerschmidt, Valentin: Anspruch und Ausdruck in der Architektur des späten Historismus in Deutschland, Frankfurt 1982.

Hart, F.: Architektur und Ingenieurbau, München/Düsseldorf 1961.

Hartlaub, G.F.: Fragen an die Kunst, Stuttgart 1950.

Henle, Susanne: Claude Monet. Zur Entwicklung und geschichtlichen Bedeutung seiner Bildform, Diss., Bochum 1978.

Herrmann, Wolfgang: Deutsche Baukunst des 19. und 20. Jahrhunderts, Basel/Stuttgart 1977.

Herrmann, Wolfgang: Gottfried Semper im Exil, Basel 1978.

Heßler, Frank: 150 Jahre Eisenbahngeschichte in und um Wuppertal. Von der Pferdekutsche zur Ost-West-S-Bahn, Remscheid 1988.

Hilger, Wolfgang (Hrsg.): Die Eisenbahnen im Rhein-Ruhr-Gebiet 1838 - 1881, Bonn 1978.

Huttel, Klaus Peter: Wuppertaler Bilddokumente. Ein Geschichtsbuch zum 19. Jahrhundert in Bild und Text. Hrsg. von Karl-Hermann Beeck, Bd 1 und 2, Wuppertal 1985.

Hymmen, von, o.N.: Geschichtlich-Statistische Beschreibung des Kreises Hagen, Hagen 1889.

ICOMOS (Hrsg.): International Council of Monuments and Sites: Die Rolle des Eisens in der historischen Architektur der ersten Hälfte des 19. Jahrhunderts. Ein Kolloquiumsbericht, Hannover 1978.

Jahn, Hajo: Wilhelminisch, In: Neues Rheinland, 28. Jahrgang, 8/84, Stichwort "Glossen", Pulheim 1984.

Jüsgen, K.: Baudenkmale auf rheinischem Eisenbahngebiet, In: Jahrbuch der rheinischen Denkmalpflege 13/136, Köln 1980.

Kamphausen, A.: Gotik ohne Gott, Frankfurt am Main 1952.

Kemp, Klaus: Die Ahrtalbahn, Freiburg 1983.

Kier, Hiltrud: Die Kölner Neustadt. Planung, Entstehung, Nutzung, Düsseldorf 1978.

Kießling, Heinrich: Beiträge zur Geschichte des Ottenbruchs und des Briller Viertels in Elberfeld 1550 - 1900. In: Mitteilungen der westdeutschen Gesellschaft für Familienkunde, Heft 7/80.

Kiesow, Gottfried: Einführung in die Denkmalpflege, Darmstadt 1982.

Kind, Friedrich Wilhelm Robert: Die Entwicklung und Ausdehnung der Eisenbahngesellschaften im niederrheinisch-westfälischen Kohlengebiet, Diss. d. Universität Münster, Leipzig 1908.

Klee, Wolfgang: Preussische Eisenbahngeschichte, Stuttgart/Berlin/Köln/Mainz 1982.

Klein, Hans H.: Bundesbahn und Denkmalschutz, In: Die öffentliche Verwaltung (DÖV), März 1977, Heft 6, Göttingen 1977.

Kliem, Peter G. / Noack, Klaus: Berlin Anhalter Bahnhof, Frankfurt/Berlin/Wien 1984.

Knapp, Johann Friedrich: Geschichte, Statistik und Topographie der Städte Elberfeld und Barmen im Wupperthale, Iserlohn/Barmen 1835.

Kobschätzky, Hans: Streckenatlas der deutschen Eisenbahnen 1835 - 1892, Düsseldorf 1971.

Köllmann, Wolfgang: Friedrich Harkort 1773 - 1838 (Bd. 1). Beiträge zur Geschichte des Parlamentarismus und der politischen Parteien, Bd. 27, Düsseldorf 1964.

Konrad, Emil: Der Reisezugwagen der deutschen Länderbahnen. Band 1: Preußen, Stuttgart 1982.

Krings, Ulrich: Der Kölner Hauptbahnhof, Köln 1977.

Krings, Ulrich: Deutsche Großbahnhöfe des Historismus, Diss. München, München 1978.

Krings, Ulrich: Hochbauten der Eisenbahn, In: Weyres, Willi/Trier, Eduard (Hrsg.): Kunst des 19. Jahrhunderts im Rheinland. Architektur II, Düsseldorf 1980.

Krings, Ulrich: Bahnhofsarchitektur, München 1985.

Küchler, Kurt: Bundesbahnanlagen und Denkmalschutz, In: Die Bundesbahn 1977, Heft 3, Darmstadt 1977.

Kumpmann, Karl: Die Entstehung der Rheinischen Eisenbahn-Gesellschaft 1830 - 1844, Essen 1910.

Langewiesche, Wilhelm: Elberfeld und Barmen. Die Doppelstadt des Wupperthals, Barmen 1863.

Lohoff, Helmut: Geschichte der Luhns GmbH (1869 - 1987), Wuppertal 1987.

Lucas-Thomas, Richard: Railwaystation Neanderthal. In: Rheinische Post (Mettmann), 14. April 1990.

Luthmer, Ferdinand: Malerische Architektur, In: Vom Fels zum Meer. Spemann's Illustrierte Zeitschrift für das Deutsche Haus, 2. Bd., Stuttgart April/September 1893. Fundort: Archiv d. Forschungsstelle für Denkmalpflege der Berg. Universität Wuppertal.

Maedel, Karl-Ernst: Das Eisenbahnjahrhundert, Stuttgart 1974.

Mahlberg, Hermann J.: "Architektur/Denkmalschutz" in der Unterrichtspraxis, In: Brinkmann, Günther (Hrsg.): Praxis Hauptschule. Anregungen für die Gestaltung des Unterrichts, Kronberg 1977.

Mahlberg, Hermann J., u.a.: Stadtsanierung Elberfeld-Nord. Kunstpädagogische Projektarbeit zum Sachbereich Stadtplanung/Denkmalpflege. In: Zeitschrift für Kunstpädagogik, Heft 3/1980, Düsseldorf 1980.

Mahlberg, Hermann J.: Leben und Werk des Architekten Michael (III) Leydel. In: Rechtsrheinisches Köln. Jahrbuch für Geschichte u. Landeskunde, Bd. 15, Köln 1989.

Mahlberg, Hermann J.: Zur Baugeschichte der Isenburg in Köln-Holweide. In: Rechtsrheinisches Köln. Jahrbuch für Geschichte und Landeskunde, Bd. 15, Köln 1989.

Mahlberg, Hermann J.: Der Wunderbau. Zur Geschichte des Bergischen Bürgerhauses in der zweiten Hälfte des 18. Jh. In: Polis. Zeitschrift f. Architektur, Stadtplanung und Denkmalpflege in Wuppertal, Nr. 1, April 1990.

Mainzer, Udo (Hrsg.): Jahrbuch der rheinischen Denkmalpflege, Band 30/31, Köln 1985.

Matschoß, Conrad: Große Ingenieure, München 1954[4].

Matthaei, A.: Deutsche Baukunst im 19. Jahrhundert, Berlin 1914.

Mecksieper, Cord/Siebenmorgen, Harald: Die alte Stadt: Denkmal oder Lebensraum, o.O., o.J.

Metschies, Michael: Wuppertal wiederentdeckt. Eine Dokumentation zum Europäischen Denkmalschutzjahr 1975, Wuppertal 1975[2].

Metschies, Michael: Zum Beispiel Wuppertal. Weiter so ohne Denkmalschutzgesetz?, Wuppertal 1978.

Metschies, Michael: Gefährdet – Gerettet – Verloren. Schicksale Wuppertaler Bauten, Wuppertal 1982.

Metschies, Michael (Hrsg.): Wuppertal wiederentdeckt. Zehn Jahre danach. Denkmalschutz, Denkmalpflege und Stadtgestalt, Wuppertal 1986.

Meyer, Lutz-Henning: Bahnanlagen der Rheinischen und der Bergisch-Märkischen Eisenbahn, In: Denkmalpflege im Rheinland 1/85, Brauweiler 1985.

Meyer, Lutz-Henning: Der Bahnhof Mirke – ein Bau von Joseph Seché?, In: Denkmalpflege im Rheinland 4/85, Brauweiler 1985.

Meyer, Lutz-Henning: 150 Jahre Eisenbahnen im Rheinland, Köln 1989.

Ministerium für Stadtentwicklung etc. (Hrsg.): Bundeseigene Baudenkmäler in Nordrhein-Westfalen. Informationsblatt 4/85, Düsseldorf 1985.

Müller, M.: Die Verdrängung des Ornaments. Zum Verhältnis von Architektur und Lebenspraxis, Frankfurt am Main 1977.

Neumann, E.G.: Die Bauwerke der Eisenbahngesellschaften in Nordrhein-Westfalen, In: Technische Kulturdenkmale 1978.

Oberverwaltungsgericht Münster: Urteilstext zur Klage der Deutschen Bundesbahn gegen den RP Düsseldorf, Aktennr. 11 A/1949/83, Münster 1983.

Oberverwaltungsgericht Münster (Hrsg.): Entscheidungen der OVG Münster und Lüneburg, Band 37, Münster 1984.

Peine, Stephanie: Was die Wuppertaler Schwebebahn mit dem Würfelzucker gemein hat, In: Frankfurter Allgemeine Zeitung (F.A.Z.), Deutschland und die Welt, 10.7.1990.

Perillieux, Winand/Schiebel, Peter: Eisenbahn zwischen Rhein und Ruhr. In: Eisenbahnjournal IV 1987, Fürstenfeldbruck 1987.

Plump, Klaus: Epochen und Episoden der Leverkusener Eisenbahngeschichte, Leverkusen 1979

Pottgießer, Hans: Eisenbahnbrücken aus zwei Jahrhunderten, Basel/Boston/Stuttgart 1985.

Quitzsch, Heinz: Die ästhetischen Anschauungen Gottfried Sempers, Berlin (DDR) 1962.

Quitzsch, Heinz: Praktische Ästhetik und politischer Kampf, Braunschweig 1981.

Renoir, Jean: Mein Vater, Paris 1962.

Reichsbahndirektion Wuppertal (Hrsg.): 100 Jahre Westdeutsche Eisenbahnen 1838 - 1938, Wuppertal 1938.

Reulecke, Jürgen (Hrsg.): Arbeiterbewegung an Rhein und Ruhr, Wuppertal 1974.

Reulecke, Jürgen / Weber Wolfhard (Hrsg.): Fabrik, Familie, Feierabend. Beiträge zur Sozialgeschichte des Alltags im Industriezeitalter, Wuppertal 1978.

Reulecke, Jürgen: Die deutsche Stadt im Industriezeitalter. Beiträge zur modernen Stadtgeschichte, Wuppertal 1980[2].

Rheinische Heimatpflege: Stadt Wuppertal, In: Bedrohte Denkmale, bedrohte Landschaft, In: Rheinische Heimatpflege, 18. Jahrgang, Neue Folge 1981 S. 286.

Rheinische Kalksteinwerke GmbH (Hrsg.): 50 Jahre Betriebsabteilung Schlupkothen (1898 - 1948), Wülfrath, o.J.

Rheinischer Verein für Denkmalpflege etc.: Mitteilungen des Rheinischen Vereins für Denkmalpflege Heimatschutz, Heft 2/1910. Nachdruck von 1981, betitelt "Das alte Elberfeld". Remscheid 1981.

Rziha, Franz von: Die Entwässerung des Tunnelmauerwerks, In: ZBV 1869, S. 316 ff.

Schara, Susanne: Nach dem Dach-Abriß: Mirke Denkmal der Woche, In: Westdeutsche Zeitung Wuppertal, Nr. 210, 10.9.1981.

Schara, Susanne: Verschwindet beliebte Film-Kulisse für immer? Bahnhof Ottenbruch – das alte Vordach wird abgebaut, In: Westdeutsche Zeitung Wuppertal, Nr. 185, 12.8.1981.

Schell, Otto: Geschichte der Stadt Elberfeld, Elberfeld 1900.

Schild, Ingeborg: Bauaufnahmen von historischem Baubestand durch Studierende der Architektur an der Rheinisch-Westfälischen Technischen Hochschule Aachen. In: Rheinische Heimatpflege, 14. Jahrgang, Neue Folge, 4/77, S. 241-244.

Schivelbusch, Wolfgang: Geschichte der Eisenbahnreise, München 1977.

Schlaffer, H.: Studien zum ästhetischen Historismus, Frankfurt am Main 1977.

Schliewe, Karl-Peter (Hrsg.): Preussische Bauten am Rhein, Dortmund 1983.

Schmied, Peter Joachim: Denkmalpflege macht nicht vor Bahnhöfen und Brücken halt, In: Westdeutsche Zeitung Wuppertal, 29.3.1984.

Schmied, Wieland: Zweihundert Jahre phantastische Malerei, Band 1, (Taschenbuchausgabe), Berlin 1980.

Schomann, Heinz: Der Frankfurter Hauptbahnhof, Stuttgart 1983.

Schwelmer Zeitung: Zur Betriebseröffnung der Rheinischen Strecke, In: Schwelmer Zeitung Nr. 110, 1879, 11.9.1879.

Schymanietz, Peter A.: Die Organisation der deutschen Eisenbahn 1875-1975, Freiburg 1977.

Scolari, Massimo: Architektur Darstellung, Wien 1984.

Seitz, William C.: Claude Monet, Köln 1960.

Semper, Gottfried: Der Stil in den technischen oder tektonischen Künsten oder praktische Ästhetik, Bd. 1, Frankfurt am Main 1860, Bd. 2, München 1863[2].

Semper, Gottfried: Die vier Elemente der Baukunst, Braunschweig 1851.

Semper, Gottfried: Wissenschaft, Industrie, Kunst, Braunschweig 1852.

Semper, Gottfried: Über Baustile, Zürich 1869.

Semper, Hans / Semper, Manfred (Hrsg.): Gottfried Semper: Kleine Schriften, Berlin/Stuttgart 1884.

Slotta, Rainer: Technische Denkmäler in der Bundesrepublik Deutschland, Selb 1975.

Soeding, Ellen: Die Harkorts, Münster 1957.

Steinle, Holger: Ein Bahnhof auf dem Abstellgleis. Der ehemalige Hamburger Bahnhof in Berlin und seine Geschichte, Berlin 1983.

Stübben, Hermann Josef: Der Städtebau, In: Handbuch der Architektur, Darmstadt 1890.

Stübben, Hermann Josef: Von Berlin nach Brüssel auf Umwegen, In: Deutsche Bauzeitung, 8.5.1880.

Stürmer, G.: Geschichte der Eisenbahnen, Bromberg 1872.

Troeltsch, Ernst: Der Historismus und seine Probleme, Tübingen 1922.

Troeltsch, Ernst: Der Historismus und seine Überwindung, Berlin 1924.

Voss, Udo: Altes Holz wird wieder jung, In: NRZ, 7.9.1978.

Voss, Udo: Der Steinschlag ist passé, In: NRZ, 25.8.1978.

Vogt/Reble/Fröhlich u.a.: Gottfried Semper und die Mitte des 19. Jahrhunderts, Basel/Stuttgart 1976.

Wagenbreth, Otfried / Weichtler, Eberhard (Hrsg.): Technische Denkmale in der DDR, Leipzig 1983.

Weber, Wolfhard: Innovationen im frühindustriellen Bergbau- und Hüttenwesen. Friedrich Anton von Heynitz: Studien zu Naturwissenschaft, Technik und Wirtschaft im Neunzehnten Jahrhundert, Bd. 6, Göttingen 1976.

Weingarten, Helmut: Die Eisenbahn zwischen Rhein und Erft, Köln 1987.

Werner, Ernst: Die Eisenbahnbrücke zu Müngsten, In: Arbeitsheft 5, Technische Denkmäler, Köln 1975.

Weyres, Willi/Mann, Albrecht (Hrsg.): Handbuch zur rheinischen Baukunst des 19. Jahrhundert, Köln 1968.

Weyres, Willi/Trier, Eduard (Hrsg.): Kunst des 19. Jahrhunderts im Rheinland. Architektur II, Düsseldorf 1980.

Wick, Rainer: Bauhauspädagogik, Köln 1982.

Wingler, Hans M. (Hrsg.): Gottfried Semper. Wissenschaft, Industrie und Kunst und andere Schriften über Architektur, Kunsthandwerk und Kunst, Mainz/Berlin 1966.

Wölfflin, Heinrich: Prolegomena zu einer Psychologie der Architektur, München 1886.

Zilcher, Rudolf: Die Rheinschiffahrt, In: Zeitschrift des VDI 69, 1925.

Zimmer, Gerhard. 100 Jahre Eisenbahn Gerolstein-Trier, hrsg. v.d. Eisenbahndirektion Saarbrücken, Saarbrücken 1971.

Zinn, Ernst: Die Baukunst in Elberfeld während der ersten Hälfte des 19. Jahrhunderts, Düsseldorf 1968.

Zöpel, Christoph (Hrsg.): Denkmalschutz und Denkmalpflege in Nordrhein-Westfalen 1980 - 1984, Düsseldorf 1985.

Abgekürzt zitierte Literatur

Bahnanlagen: Meyer, Lutz-Henning: Bahnanlagen der Rheinischen und der Bergisch-Märkischen Eisenbahn, In: Denkmalpflege im Rheinland, 1/85, Brauweiler 1985.

Belz: Belz, Karl Wilhelm: Eisenbahnen in der Industriellen Revolution: Ein früher Wuppertaler Projekt, Wuppertal 1979.

Berger: Berger, Manfred: Historische Bahnhofsbauten Sachsens, Preußens, Mecklenburgs und Thüringens, Berlin (DDR) 1980.

Bergius: Bergius, Burkhard: Entwicklungsstrukturen der Eisenarchitektur im 19. Jahrhundert vom Brückenbau bis zum Hallenbau, In: ICOMOS (Hrsg.): Die Rolle des Eisens in der historischen Architektur des 19. Jahrhunderts. Ein Kolloquiumsbericht, Hannover 1978.

Denkmalschutzgesetz: Gesetz- und Verordnungsblatt für das Land Nordrhein-Westfalen Nr. 22, Düsseldorf 29.3.1980.

Dethier: Dethier, Jean u.a. (Hrsg.): Die Welt der Bahnhöfe, Berlin 1980.

Föhl: Föhl, Axel (Hrsg.): Technische Denkmale im Rheinland, Köln 1976

Fröhlich: Fröhlich, Martin (Hrsg.): Gottfried Semper. 1803 - 1879. Baumeister zwischen Revolution und Historismus. Katalog zur Ausstellung "Gottfried Semper zum 100. Todestag"(Dresden 1979), München 1980.

Harmonielehre: Wulff, Eberhard: Architektonische Harmonielehre, Wien 1874.

"Herrmann 2. Teil": Herrmann, Wolfgang: Deutsche Baukunst des 19. und 20. Jahrhunderts, Basel/Stuttgart 1977.

Heßler: Heßler, Frank: 150 Jahre Eisenbahngeschichte in und um Wuppertal. Von der Pferdekutsche zur Ost-West-S-Bahn, Remscheid 1988.

Hilger: Hilger, Wolfgang (Hrsg.): Die Eisenbahn im Rhein-Ruhr-Gebiet 1838 - 1881, Bonn 1978.

Hochbauten: Krings, Ulrich: Hochbauten der Eisenbahn, In: Weyres, Willi/Trier, Eduard (Hrsg.): Kunst des 19. Jahrhunderts des Rheinlands. Architektur II, Düsseldorf 1980.

Kier: Kier, Hiltrud: Die Kölner Neustadt. Planung, Entstehung, Nutzung Düsseldorf 1978.

Klein: Klein, Hans H.: Bundesbahn und Denkmalschutz, In: Die öffentliche Verwaltung (DÖV), März 1977, Heft 6, Göttingen 1977.

Krings: Krings, Ulrich: Bahnhofsarchitektur, München 1985.

Küchler: Küchler, Kurt: Bundesbahnanlagen und Denkmalschutz, In: Bundesbahn 1977, Heft 3, Darmstadt 1977.

Kumpmann: Kumpmann, Karl: Die Entstehung der Rheinischen Eisenbahn-Gesellschaft 1830 - 1844, Essen 1910

Langewiesche: Langewiesche, Wilhelm: Elberfeld und Barmen. Die Doppelstadt des Wupperthals, Barmen 1863.

Lohoff: Lohoff, Helmut: Die Geschichte der Luhns GmbH, Wuppertal 1987

Luthmer: Luthmer, Ferdinand: Malerische Architektur, In: Vom Fels zum Meer. Speemann's Illustrierte Zeitschrift für das Deutsche Haus, 2. Bd., Stuttgart April/September 1893.

Maedel: Maedel, Karl-Ernst: Das Eisenbahnjahrhundert, Stuttgart 1974.

Mahlberg: Mahlberg, Hermann J.: "Architektur/Denkmalschutz" in der Unterrichtspraxis; In: Brinkmann, Günther (Hrsg.): Praxis Hauptschule. Anregung für die Gestaltung des Unterrichts, Kronberg 1977.

Metschies: Metschies, Michael (Hrsg.): Wuppertal wiederentdeckt. Zehn Jahre danach. Denkmalschutz, Denkmalpflege und Stadtgestalt, Wuppertal 1986.

Meyer: Meyer, Lutz-Henning: Der Bahnhof Mirke – ein Bau von Joseph Seché? In: Denkmalpflege im Rheinland 4/85, Brauweiler 1985.

Meyer/150 Jahre..: Meyer, Lutz-Henning: 150 Jahre Eisenbahnen im Rheinland, Köln 1989

Pottgießer: Pottgießer, Hans: Eisenbahnbrücken aus zwei Jahrhunderten, Basel/Boston/Stuttgart 1985.

Quitzsch: Quitzsch, Heinz: Die ästhetischen Anschauungen Gottfried Sempers, Berlin (DDR) 1962.

Schliewe: Schliewe, Karl-Peter (Hrsg.): Preussische Bauten am Rhein, Dortmund 1983.

Slotta: Slotta, Rainer: Technische Denkmäler der Bundesrepublik Deutschland, Selb 1975.

Stübben: Stübben, Hermann Josef: Der Städtebau, In: Handbuch der Architektur, Darmstadt 1890.

Trier/Weyres: Weyres, Willi/Trier, Eduard (Hrsg.): Kunst des 19. Jahrhunderts im Rheinland. Architektur II, Düsseldorf 1980.

Urteilstext: Oberverwaltungsgericht Münster (Hrsg.): Urteilstext zur Klage der Deutschen Bundesbahn gegen den RP Düsseldorf, Aktennummer 11 A/1949/83, Münster 1983.

Villa Amalia: Brönner/Esser/Hetzelt/Metschies: Die Villa Amalia in Wuppertal-Elberfeld. Geschichte – Umbau – Restaurierung 1883/1979, Wuppertal 1981.

Von Berlin nach Brüssel: Stübben, Hermann Josef: Von Berlin nach Brüssel auf Umwegen, In: Deutsche Bauzeitung, 8.5.1888.

Weyres/Mann: Weyres, Willi/Mann, Albrecht (Hrsg.): Handbuch zur rheinischen Baukunst des 19. Jahrhunderts, Köln 1968.

Wulff: Wulff, Eberhard: Das Eisenbahn-Empfangs-Gebäude nach seinen praktischen Anforderungen und seiner künstlerischen Bedeutung, Leipzig 1881.

Zinn: Zinn, Ernst: Die Baukunst in Elberfeld während der ersten Hälfte des 19. Jahrhunderts, Düsseldorf 1968.

ABKÜRZUNGSVERZEICHNIS

BME	= Bergisch-Märkische Eisenbahngesellschaft
CBV	= Centralblatt der Bauverwaltung
DB	= Deutsche Bundesbahn
HSTAD (K)	= Hauptstaatsarchiv Düsseldorf (Außenstelle Kalkum)
NRZ	= Neue Ruhr Zeitung/Neue Rhein Zeitung
REG	= Rheinische Eisenbahngesellschaft
RP	= Regierungspräsident Düsseldorf
Slg.	= Sammlung
VDI	= Verein Deutscher Ingenieure
WZ/GA	= Westdeutsche Zeitung/Generalanzeiger Wuppertal

PERSONENREGISTER

150

ABBILDUNGSNACHWEIS

ÜBER DEN VERFASSER

Joachim Frielingsdorf, Wissenschaftlicher Mitarbeiter der Forschungsstelle für Denkmalpflege der Bergischen Universität Wuppertal (Fachbereich 5), geboren am 24. Juni 1962 in Essen-Werden, wohnhaft in Wülfrath, Chemnitzer Straße 13. Studium der Fächer Germanistik, Kunst und Erziehungswissenschaften für die Lehrämter der Sekundarstufe II und I an der Bergischen Universität Wuppertal. 1988: Erstes Staatsexamen. Seit 1989 Promotion bei Prof. Dr. H. Mahlberg über den rheinischen Baumeister Heinrich Wolff.

Redaktionsmitglied von "Polis-Zeitschrift für Architektur, Stadtgestalt und Denkmalpflege". Journalistisch tätig bei der Westdeutschen Allgemeinen Zeitung (1981 - 1984), der Rheinischen Post Mettmann (seit 1982) und der Westdeutschen Zeitung (seit 1983).

Wissenschaftliche Veröffentlichung: "Über die Bau- und Planungsgeschichte des Rathauses von Grevenbroich (1872 - 1875), In: Beiträge zur Geschichte der Stadt Grevenbroich, Band 9.